编委会

高等学校"十四五"规划酒店管理与数字化运营专业新形态教材

总主编

周春林　南京旅游职业学院党委书记，教授

编委（排名不分先后）

臧其林　苏州旅游与财经高等职业技术学校党委书记、校长，教授
叶凌波　南京旅游职业学院校长
姜玉鹏　青岛酒店管理职业技术学院校长
李　丽　广东工程职业技术学院党委副书记、校长，教授
陈增红　山东旅游职业学院副校长，教授
符继红　云南旅游职业学院副校长，教授
屠瑞旭　南宁职业技术学院健康与旅游学院党委书记、院长，副教授
马　磊　河北旅游职业学院酒店管理学院院长，副教授
王培来　上海旅游高等专科学校酒店与烹饪学院院长，教授
王姣蓉　武汉商贸职业学院现代管理技术学院院长，教授
卢静怡　浙江旅游职业学院酒店管理学院院长，教授
刘翠萍　黑龙江旅游职业技术学院酒店管理学院院长，副教授
苏　炜　南京旅游职业学院教务处处长，副教授
唐凡茗　桂林旅游学院酒店管理学院院长，教授
石　强　深圳职业技术学院管理学院院长，教授
李　智　四川旅游学院希尔顿酒店管理学院副院长，教授
匡家庆　南京旅游职业学院酒店管理学院教授
伍剑琴　广东轻工职业技术学院酒店管理学院教授
刘晓杰　广州番禺职业技术学院旅游商务学院教授
张建庆　宁波城市职业技术学院旅游学院教授
黄　昕　广东海洋大学数字旅游研究中心副主任/问途信息技术有限公司创始人
汪京强　华侨大学旅游实验中心主任，博士，正高级实验师
王光健　青岛酒店管理职业技术学院酒店管理学院副院长，副教授
方　堃　南宁职业技术学院健康与旅游学院酒店管理与数字化运营专业带头人，副教授
邢宁宁　漳州职业技术学院酒店管理与数字化运营专业主任，专业带头人
曹小芹　南京旅游职业学院旅游外语学院旅游英语教研室主任，副教授
钟毓华　武汉职业技术学院旅游与航空服务学院副教授
郭红芳　湖南外贸职业学院旅游学院副教授
彭维捷　长沙商贸旅游职业技术学院湘旅学院副教授
邓逸伦　湖南师范大学旅游学院副教授
沈蓓芬　宁波城市职业技术学院旅游学院教师
支海成　南京御冠酒店总经理，副教授
杨艳勇　北京贵都大酒店总经理
赵莉敏　北京和泰智研管理咨询有限公司总经理
刘懿纬　长沙菲尔德信息科技有限公司总经理

高等学校"十四五"规划酒店管理
与数字化运营专业新形态教材

总主编 ◎ 周春林

酒店客户关系管理

主　编　苏　炜　郑晓旭　王姣蓉
副主编　张　琼　张　丹　王晶晶
　　　　杨炎洪　秦琅琅

JIUDIAN KEHU
GUANXI GUANLI

华中科技大学出版社
http://press.hust.edu.cn
中国·武汉

内 容 简 介

本书共分为七个项目,从分析"谁是酒店客户?"这个问题入手,介绍了酒店客户关系管理的理论基础,从酒店客户增长管理、酒店智能化客户信息管理、酒店客户满意管理、酒店客户忠诚管理、酒店客户投诉处理和酒店客户服务补救六个方面系统阐述了在酒店行业利用信息化技术来完成酒店客户评估、开发、发展和保持等管理的全过程,并结合典型案例,设置任务实施模块,形成对酒店客户关系管理的实操练习,旨在让读者掌握酒店客户关系管理的基础理论知识,并深刻理解实际从业中涉及的相关内容,从而形成全面认知。

本书紧密对接高等职业学校酒店管理与数字化运营专业的教学标准,兼顾院校教学和行业人才培养的需求,可作为普通高等学校本科酒店管理专业,高等职业学校酒店管理与数字化运营专业、旅游管理专业等的教材,也可作为酒店行业从业者的培训教材。

图书在版编目(CIP)数据

酒店客户关系管理 / 苏炜,郑晓旭,王姣蓉主编. -- 武汉:华中科技大学出版社,2025.1. -- ISBN 978-7-5772-1489-4

Ⅰ. F719.2

中国国家版本馆 CIP 数据核字第 2024TB4698 号

酒店客户关系管理
Jiudian Kehu Guanxi Guanli

苏　炜　郑晓旭　王姣蓉　主编

策划编辑:李家乐　王　乾
责任编辑:聂筱琴　李家乐
封面设计:原色设计
责任校对:刘　竣
责任监印:周治超

出版发行:华中科技大学出版社(中国·武汉)　　电话:(027)81321913
　　　　　武汉市东湖新技术开发区华工科技园　　邮编:430223
录　　排:孙雅丽
印　　刷:武汉市籍缘印刷厂
开　　本:787mm×1092mm　1/16
印　　张:12.25
字　　数:250千字
版　　次:2025年1月第1版第1次印刷
定　　价:49.90元

本书若有印装质量问题,请向出版社营销中心调换
全国免费服务热线:400-6679-118　　竭诚为您服务
版权所有　侵权必究

总序

　　2021年，习近平总书记对全国职业教育工作作出重要指示，强调要加快构建现代职业教育体系，培养更多高素质技术技能人才、能工巧匠、大国工匠。同年，教育部对职业教育专业目录进行全面修订，并启动《职业教育专业目录（2021年）》专业简介和专业教学标准的研制工作。

　　新版专业目录中，高职"酒店管理"专业更名为"酒店管理与数字化运营"专业，更名意味着重大转型。我们必须围绕"数字化运营"的新要求，贯彻党中央、国务院关于加强和改进新形势下大中小学教材建设的意见，落实教育部《职业院校教材管理办法》，联合校社、校企、校校多方力量，依据行业需求和科技发展趋势，根据专业简介和教学标准，梳理酒店管理与数字化运营专业课程，更新课程内容和学习任务，加快立体化、新形态教材开发，服务于数字化、技能型社会建设。

　　教材体现国家意志和社会主义核心价值观，是解决培养什么人、怎样培养人以及为谁培养人这一根本问题的重要载体，是教学的基本依据，是培养高质量优秀人才的基本保证。伴随我国旅游高等职业教育的蓬勃发展，教材建设取得了明显成果，教材种类大幅增加，教材质量不断提高，对促进旅游高等职业教育发展起到了积极作用。在2021年首届全国教材建设奖评审中，有400种职业教育与继续教育类教材获奖。其中，旅游大类获评一等奖优秀教材3种、二等奖优秀教材11种，高职酒店类获奖教材有3种。当前，酒店职业教育教材同质化、散沙化和内容老化、低水平重复建设现象依然存在，难以适应现代技术、行业发展和教学改革的要求。

　　在信息化、数字化、智能化叠加的新时代，新形态高职酒店类教材的编写既是一项研究课题，也是一项迫切的现实任务。应根据酒店管理与数字化运营专业人才培养目标准确进行教材定位，按照应用导向、能力导向要求，优化设计教材内容结构，将工学结合、产教融合、科教融合和课程思政等理念融入教材，带入课堂。应面向多元化生源，研究酒店数字化运营的职业特点及人才培养的业务规格，突破传统教材框架，探索高职学生易于接受的学习模式和内容体系，编写体现新时代高职特色的专业教材。

我们清楚，行业中多数酒店数字化运营的应用范围仅限于前台和营销渠道，部分酒店应用了订单管理系统，但大量散落在各个部门的有关顾客和内部营运的信息数据没有得到有效分析，数字化应用呈现碎片化。高校中懂专业的数字化教师队伍和酒店里懂营运的高级技术人才是行业在数字化管理进程中的最大缺位，是推动酒店职业教育数字化转型面临的最大困难，这方面人才的培养是我们努力的方向。

高职酒店管理与数字化运营专业教材的编写是一项系统工程，涉及"三教"改革的多个层面，需要多领域高效协同研发。华中科技大学出版社与南京旅游职业学院、广州市问途信息技术有限公司合作，在全国范围内精心组织编审、编写团队，线下召开酒店管理与数字化运营专业新形态系列教材编写研讨会，线上反复商讨每部教材的框架体例和项目内容，充分听取主编、参编教师和业界专家的意见，在此特向参与研讨、提供资料、推荐主编和承担编写任务的各位同仁表示衷心的感谢。

该套教材力求体现现代酒店职业教育特点和"三教"改革的成果，突出酒店职业特色与数字化运营特点，遵循技术技能人才成长规律，坚持知识传授与技术技能培养并重，强化学生职业素养养成和专业技术积累，将专业精神、职业精神和工匠精神融入教材内容。

期待这套凝聚全国旅游类高职院校多位优秀教师和行业精英智慧的教材，能够在培养我国酒店高素质、复合型技术技能人才方面发挥应有的作用，能够为高职酒店管理与数字化运营专业新形态系列教材协同建设和推广应用探出新路子。

全国旅游职业教育教学指导委员会副主任委员

周春林　教授

前言

党的二十届三中全会指出,"健全因地制宜发展新质生产力体制机制","健全促进实体经济和数字经济深度融合制度"。在大数据时代,酒店不仅可以利用数字经济和智慧技术来实现酒店的提质增效,还可以充分借助客户数据来指导酒店的经营决策和营销活动。在此背景下,酒店行业的发展催生了对酒店数字化运营人才培养的新要求,即不但要精服务、会运营,还要具备良好的数字素养,践行"以客户为中心"的初心。

本教材从分析"谁是酒店客户?"这个问题入手,介绍了酒店客户关系管理的理论基础,从酒店客户增长管理、酒店智能化客户信息管理、酒店客户满意管理、酒店客户忠诚管理、酒店客户投诉处理和酒店客户服务补救六个方面系统阐述了在酒店行业利用信息化技术来完成酒店客户评估、开发、发展和保持等管理的全过程。

本教材由南京旅游职业学院苏炜教授、郑晓旭教师,以及武汉商贸职业学院王姣蓉教授主编,武汉商贸职业学院张琼、张丹、王晶晶、杨炎洪教师以及南京金陵饭店集团秦琅琅参与编写。其中,苏炜、郑晓旭、王姣蓉负责书稿整体框架设计,以及统稿、定稿等工作。本教材立足于酒店行业数字化、智能化转型发展前沿,以任务为引领,注重对酒店一手案例的分析和解读,侧重于培养学生在酒店客户关系管理方面的实践能力。

本教材紧密对接高等职业学校酒店管理与数字化运营专业的教学标准,兼顾院校教学和行业人才培养的需求,可作为普通高等学校本科酒店管理专业,高等职业学校酒店管理与数字化运营专业、旅游管理专业等的教材,也可作为酒店行业从业者的培训教材。

由于编者水平有限,尽管经过多次审阅,本教材难免存在一些不足之处,敬请各位专家、同行批评指正。

编 者

目录
MULU

项目一 酒店客户关系管理认知 /001

任务一 酒店客户关系管理概述 /003
一、酒店客户关系管理的概念内涵 /003
二、酒店客户关系管理产生的背景和原因 /005
三、酒店客户关系管理的核心理念 /006
四、酒店客户关系管理的内容 /007

任务二 酒店客户关系管理理论基础 /010
一、一对一营销 /010
二、关系营销 /011
三、精准营销 /013
四、情感营销 /014
五、客户生命周期 /016

项目二 酒店客户增长管理 /019

任务一 酒店客户细分 /022
一、酒店客户细分标准 /022
二、基于客户价值和客户忠诚的酒店客户细分 /024
三、运用大数据实施客户细分 /027

任务二 酒店客户开发策略 /029
一、收集市场数据,强化或改善用户体验 /030
二、加强培训,提升员工的营销水平 /031

三、运用互联网思维更新客户开发理念　　/031
四、运用社交媒体提高酒店知名度　　/032
五、提升服务质量和管理水平　　/033

任务三　酒店客户服务的"关键时刻"　　/036
一、"关键时刻"理论概述　　/036
二、基于"关键时刻"的服务设计　　/037

项目三　酒店智能化客户信息管理　　/044

任务一　酒店客户关系管理系统概述　　/046
一、客户关系管理(CRM)系统　　/047
二、社会化客户关系管理(SCRM)概念　　/053
三、酒店客户关系管理(CRM)系统　　/056

任务二　酒店智能化数据收集与管理　　/061
一、酒店智能化数据收集　　/061
二、客户数据分析　　/063

任务三　酒店客户画像分析　　/066
一、酒店客户数据采集内容　　/066
二、数据治理　　/068
三、客户行为分析　　/068
四、酒店客户画像分析框架　　/069

任务四　酒店客户精细化管理　　/072
一、客户分层体系　　/072
二、酒店客户精细化管理的内容　　/073
三、潜在客户精细化管理　　/075

项目四　酒店客户满意管理　　/078

任务一　酒店客户满意度概述　　/080
一、客户满意度概述　　/080
二、客户满意度的影响因素　　/082
三、客户满意度的衡量指标　　/084

任务二　提高酒店客户满意度的途径　　/087
一、提高客户满意度的策略　　/087

二、提高客户满意度的方法　　/090

　任务三　酒店客户满意度的评价　　/096
　　一、评价客户满意度的意义　　/096
　　二、评价客户满意度的方式　　/097
　　三、收集客户满意度数据的方法　　/098
　　四、建立客户满意度评价体系　　/100

项目五　酒店客户忠诚管理　　/105

任务一　酒店客户忠诚管理概述　　/109
　　一、酒店客户忠诚管理理论起源及价值　　/109
　　二、建立酒店客户忠诚度的关键因素　　/110
　　三、酒店客户忠诚管理原则　　/111

任务二　酒店客户忠诚计划类型　　/116
　　一、酒店客户忠诚计划模式　　/116
　　二、酒店客户忠诚计划管理模型　　/117

任务三　酒店客户忠诚计划实施　　/121
　　一、酒店客户忠诚的类型　　/121
　　二、酒店客户忠诚度的评估　　/122
　　三、酒店客户忠诚计划的实施步骤　　/123
　　四、实施酒店客户忠诚计划的具体方法　　/124

项目六　酒店客户投诉处理　　/128

任务一　酒店客户投诉种类与处理原则　　/130
　　一、客户投诉的概念内涵及其影响　　/130
　　二、酒店客户投诉的种类及原因　　/131
　　三、酒店处理客户投诉的原则　　/133

任务二　酒店客户投诉处理的心理分析与基本流程　　/136
　　一、酒店客户投诉处理的心理分析　　/136
　　二、酒店客户投诉处理的基本流程　　/138

任务三　酒店客户投诉处理技巧　　/142
　　一、酒店客户投诉处理存在的问题及其改进方法　　/142

  二、酒店客户投诉处理的技巧 /144
  三、酒店客户投诉案例解析 /148

项目七 酒店客户服务补救 /154

任务一 客户感知理论 /157
  一、感知质量 /157
  二、感知价值 /158
  三、期望确认理论 /159

任务二 酒店客户流失的影响及应对措施 /161
  一、酒店客户流失的方式 /161
  二、酒店客户流失的原因 /162
  三、酒店客户流失的影响 /163
  四、酒店客户流失的应对措施 /163

任务三 酒店客户流失的识别与预警 /165
  一、酒店客户流失预测模型的关键指标 /166
  二、人工智能和机器学习在客户流失预测中的应用 /168
  三、客户流失预测在提高酒店客户忠诚度中的作用 /169

任务四 酒店客户服务补救策略 /171
  一、服务补救的概念内涵 /171
  二、服务失误的分类 /171
  三、服务补救的特征 /172
  四、服务补救的类型 /172
  五、服务补救策略 /173

参考文献 /178

项目一
酒店客户关系管理认知

 项目概述

酒店客户关系管理是伴随着酒店经营管理理念变化、信息技术发展而产生的。本项目从分析"谁是酒店客户"这个问题着手,讲解了酒店客户关系管理的概念、发展原因、核心理念以及内容,并梳理了酒店客户关系管理遵循的基本理论,为后续讲解酒店客户关系管理的方法奠定基础。

 **项目目标**

知识目标

(1) 掌握酒店客户、酒店客户关系管理的概念。
(2) 了解酒店客户关系管理发展的原因。
(3) 掌握酒店客户关系管理的核心理念和内容。
(4) 熟悉酒店客户关系管理的理论基础。

能力目标

(1) 能够识别狭义和广义的酒店客户。
(2) 能够准确理解酒店客户关系管理产生的原因。
(3) 能够准确理解酒店客户关系管理在酒店运营管理中的作用。

素养目标

(1) 具备收集酒店客户数据的信息素养。
(2) 具备爱岗敬业的职业素养。

知识导图

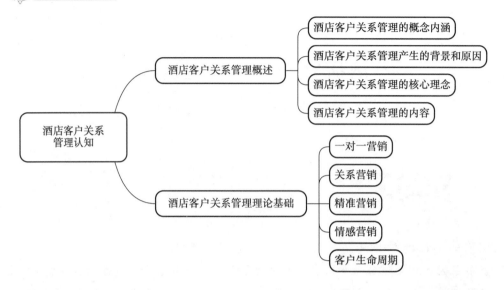

重点难点

重点：

(1) 掌握酒店客户的类型。
(2) 掌握酒店客户关系管理的概念。
(3) 掌握酒店客户关系管理的内容。

难点：

(1) 理解酒店客户关系管理的核心理念。
(2) 掌握酒店客户关系管理的理论基础。

丽思·卡尔顿的金牌标准

作为万豪国际酒店集团旗下的奢华品牌，丽思·卡尔顿以其奢华的硬件设施和无微不至的服务享誉全球。丽思·卡尔顿要求每一名丽思员工都能自觉奉行公司的金牌标准，其中首先要谨记于心并践行于工作中的就是"信条"。

丽思·卡尔顿的"信条"内容包括：

(1) 丽思·卡尔顿以客户得到真诚关怀和舒适款待为最高使命。
(2) 丽思·卡尔顿承诺为客户提供细致入微的个人服务和齐全完善的

设施，营造温暖、舒适、优雅的环境。

（3）丽思·卡尔顿之行能使客户身心愉悦，每一名丽思员工努力满足客户的愿望和需求。

事实上，每一名丽思员工都在努力践行着这三个"信条"，并时刻给客户创造惊喜。有一次，韩国一家跨国集团公司副总裁到澳大利亚出差，当他住进丽思·卡尔顿后，他打电话给该酒店客房服务部门，要求将浴室内原本放置的润肤乳液换成另一种婴儿品牌的产品，服务人员很快满足了他的要求。然而事情并没有结束，三周后，当这位副总裁入住美国新墨西哥州的一家丽思·卡尔顿酒店时，他发现浴室的架子上已经摆着他所需要的那款婴儿品牌的润肤乳液，一种仿佛回家的感觉在他的心中油然而生。

凭借信息技术和多一点点的用心，丽思·卡尔顿使"宾至如归"不再是口号。丽思·卡尔顿全球联网的电脑档案中详细记载了数十万客户的个人资料，这是每一位客户和丽思员工共同的"小秘密"。

请思考：

1. 丽思·卡尔顿是如何做到让客户宾至如归的？
2. 酒店可以通过哪些渠道来收集客户资料？

任务一　酒店客户关系管理概述

教学视频

酒店客户关系管理概述

一、酒店客户关系管理的概念内涵

（一）酒店客户

什么是客户？酒店的客户是谁？这些是酒店在进行经营管理，尤其是组织市场营销活动时必须厘清的问题。

从酒店经营管理实际出发，酒店客户的定义分为狭义的和广义的两种。

狭义的酒店客户，仅仅是指酒店所提供的产品或服务的购买者或使用者，包括消费者客户、中间商客户、内部客户等。其中，消费者客户是个人客户，是指购买最终产品或服务的零售客户；中间商客户包括酒店产品的分销商、渠道商、代销商，如旅行社，以及携程、去哪儿等OTA平台；内部客户是指企业内部的员工或业务部门，这通常是最容易被企业忽略的一类客户，但却是现代酒店经营管理中最具长期获利性的客户。

广义的酒店客户，不仅包括酒店产品的终端消费者，还包括与酒店经营相关的任何组织和个人，也就是指一切与酒店利益相关的各方，包括酒店的供应商、酒店产品和服务的最终使用者等。

(二)客户关系

1. 客户关系的概念内涵

客户关系是指客户与企业之间的相互影响和相互作用，或者是客户与企业之间的某种性质的关联。企业的客户群体是由许多不同的客户关系构成的，每一种客户关系在其生命周期内都能给企业带来一定的价值，而企业与所有客户之间的关系价值总和就形成了企业的利润。要想提高企业的利润，在对待不同的客户时，企业应制定不同的关系策略。

2. 客户关系的组成要素

从客户关系的组成要素来看，客户关系可以分为客户关系的长度、深度和广度。

(1) 客户关系长度。

客户关系长度是指企业维持客户关系的时间的长短，通常用客户关系生命周期来表示，分为考察期、形成期、稳定期和衰退期。要想延长客户生命周期，可通过培养客户忠诚度、挽留有价值客户、减少客户流失、去除不具有潜在价值的客户等手段来实现。

(2) 客户关系深度。

客户关系深度是指客户关系的质量，即企业与客户双方关系的牢固程度。衡量客户关系深度的指标通常包括重复购买次数、为客户提供的产品或服务的质量、客户口碑与推荐率等。

(3) 客户关系广度。

客户关系广度是指企业拥有客户的数量，既包括获取新客户的数量，又包括保留老客户的数量，还包括重新获得的已流失客户的数量。

(三)客户关系管理

客户关系管理（Customer Relationship Management，CRM）的概念最初是由美国高德纳咨询公司（Gartnet Group）在1993年前后提出的，他们认为，"客户关系管理代表赢利、收入，是为提高客户满意度而设计的企业范围的商业战略"。

卡森营销集团（Carson Marketing Group）对于客户关系管理的定义更清晰地表述出客户关系管理的路径，他们认为，"客户关系管理是通过培养公司的每一位员工、经销商和客户对该公司更积极的偏爱或偏好，留住他们并以此提高公司业绩的一种营销策略"。

综合以上观点，我们可以将客户关系管理定义为企业为提高竞争力，以客户满意为战略导向，并在此基础上开展的客户评估、客户选择、客户开发、客户发展和客户保持等商业活动的过程。我们可以从以下三个不同层面来理解客户关系管理的概念。

1. 客户关系管理是一种战略

客户关系管理是企业经营管理的一种战略，它是以提高企业核心竞争力为目的的，遵循客户导向原则，主张对客户信息进行系统化的分析和管理，通过改进提供给客户的产品及服务的品质，与客户建立良好的互动关系，通过提高客户满意度和客户忠诚度实现企业持续发展的目标。

2. 客户关系管理是一种经营管理模式

从经营管理层面来看，企业实施客户关系管理时，主要是对客户数据进行全面储存和分析，并对客户优先级进行划分，根据客户满意度分析来确定其忠诚度，实现与客户的深度交流，改进企业产品及服务。因此，结合客户关系管理的相关分析和建议，企业管理层和职能部门能够更好地进行企业经营管理和决策。

3. 客户关系管理是一种对应用系统、方法和手段的综合运用

从操作层面来看，客户关系管理一般要应用信息及数字化技术，通过客户关系管理系统整合企业资源，与客户实时沟通，并利用电子化和自动化的业务流程，不断改进企业与客户的关系，进而为企业创造利润。

（四）酒店客户关系管理

对于酒店而言，客户是给企业带来利润的主要群体，因此，做好客户管理尤为重要。酒店客户关系管理可以定义为酒店以提高客户满意度和忠诚度为目标所开展的客户评估、客户开发、客户发展和客户保持等活动的过程，具体实施包括酒店客户的开发、满意管理、忠诚管理、投诉处理以及服务补救等内容。

二、酒店客户关系管理产生的背景和原因

（一）酒店客户关系管理产生的背景

酒店业从诞生起，先后经历了客栈时期、大饭店时期和商业饭店时期。早在大饭店时期，酒店为了吸引客户，提高销售额，就格外重视内部质量管理，尤其注重提高酒店硬件设施的质量和装修装饰的华丽度，从而使得酒店经营成本有所提高，利润下降。到了商业饭店时期，酒店的主要目标客户群体转为大众商旅客户，酒店的管理目标也聚焦到以利润为中心的质量管理上，因此，客户的地位被提到前所未有的高度，以客户为中心的管理新理念开始出现。

(二)酒店客户关系管理产生的原因

1. 酒店内部需求的拉动

随着酒店的发展，酒店为增加经营利润，需要进一步扩大市场面，从而对不断增加客户数量，尤其是优质客户的数量有了需求，这是客户关系管理产生的内驱动力。

2. 酒店管理理念的更新

在大饭店时期以及商业饭店发展初期，酒店多以效益为中心。伴随着新兴经济的发展和社会的进步，酒店的经营理念也由效益中心论过渡到客户中心论，即以客户为中心，不断满足客户的需求，提升客户的满意度。例如，希尔顿酒店集团创始人康拉德·希尔顿先生的座右铭就是："你今天对客户微笑了吗？"他把客户放在了酒店经营的首位。

3. 酒店内部管理的要求

在酒店内部，前厅部门、餐饮部门、销售部门等部门面对的客户越来越多样化，酒店难以及时获得这些客户的信息，而且来自酒店各接待部门的信息较为分散，使得酒店无法对客户形成全面的了解。伴随着酒店的集团化和连锁化经营，为了树立品牌效应，酒店更需要组建一个以客户为中心的机构，实现对与客户相关的活动的全面管理。

4. 技术的推动

计算机、通信技术、网络应用的飞速发展使得酒店管理走向信息化。信息技术的发展使得酒店管理在以下几个方面的应用成为可能：客户可以通过电话、网络、信息平台与酒店进行业务往来；任何对客服务或者与客户打交道的员工都能全面了解客户信息，根据客户需求和消费偏好提供针对性的服务，等等。客户信息是客户关系管理的基础，数据仓库、商业智能等技术的发展，使得酒店收集、整理、加工和利用客户信息的效率大大提高，也使得智慧化的酒店客户关系管理成为可能。

近年来，新的信息技术，如云计算、大数据管理等，为酒店的客户关系管理提供了更强大的技术支持，催生了酒店客户关系管理的一系列新变革，使得客户关系管理不管是在业务成本上还是在业务敏捷性上都得到了极大的改善。

三、酒店客户关系管理的核心理念

(一)以客户为中心

客户是能够给酒店带来直接利益的群体，因此酒店客户关系管理的核心是将客户放在核心位置，将客户的需求和意见放在第一位，全方位地关注客户，并与客户进行沟通和互动。因此，酒店在设计产品、提供服务时都应该做到以客户需求为导向。

（二）全面了解客户

满足客户需求的前提是了解客户。酒店可以通过系统地收集和分析客户信息，深入了解客户的习惯、需求、偏好等，为酒店提供决策支持和改进服务的依据。客户信息收集的渠道和方式有很多，尤其是在信息技术快速发展的今天，酒店可以通过员工现场收集、网络数据分析等多种路径获得客户的消费习惯和偏好方面的信息，并为客户建立档案。

（三）与客户建立良好的关系

与客户建立良好的关系是酒店进行客户关系管理的重要环节。酒店可以通过积极主动地与客户沟通和互动，及时处理客户的问题和要求，为客户提供个性化的服务，与客户建立稳定的合作关系。

（四）长期维系和发展客户

建立好关系后，酒店应与现有客户进行持续的沟通和关怀，及时了解客户的需求及其变化，以满足客户的期望并适时提供更优质的产品和服务，从而增加客户的忠诚度和黏性。

（五）创造价值和共享价值

酒店在进行客户关系管理时，不能仅考虑如何从客户身上获取价值，还要通过满足客户的需求和期望，为客户创造价值，同时通过与客户的合作，实现共赢和共享价值。

四、酒店客户关系管理的内容

酒店客户关系管理包括客户识别、信息获取、关系建立和维护、服务优化、营销策略改进等多个环节，具体来说包括以下内容。

（一）客户信息管理

客户信息管理是客户关系管理的基础。酒店需要收集、整理和分析客户的基本信息，如姓名、性别、年龄、职业，以及购买行为、反馈意见等，以建立完整的客户档案。这些信息可以帮助酒店了解客户的喜好、需求和购买习惯，为酒店后续进行产品设计、提供个性化服务和制定营销策略提供依据。

（二）客户细分

客户细分是根据客户的特征、需求和行为，将客户划分为不同的群体。通过对不同客户群体的分析，酒店可以更好地了解每类客户群体的需求和偏好，制定更精准的营销策略和服务方案。这有助于酒店更好地满足客户需求，提高客户满意度和忠诚度。

（三）客户沟通

客户沟通是客户关系管理中不可或缺的一环。酒店需要与客户保持密切的联系，及时了解他们的需求和反馈。通过电话、邮件、社交媒体等多种渠道，与客户进行有效的沟通，提高客户的满意度和忠诚度。同时，酒店还需要建立良好的客户服务体系，为客户提供及时、准确、高效的服务。

（四）客户关怀

客户关怀是指酒店通过各种方式关心客户的生活和工作，以增强客户的归属感，提升客户的忠诚度。例如，酒店可以为客户提供个性化的生日祝福、节日祝福、到店VIP礼遇、管家服务等，让客户感受到企业的关怀。

（五）客户价值分析

客户价值分析是指酒店对客户的价值和贡献进行评估，以确定哪些客户对酒店最有价值。通过对客户价值的分析，酒店可以制定更有效的营销策略和服务方案，提高客户的满意度和忠诚度。同时，酒店还可以根据客户价值的不同，制定不同的营销策略和服务方案，实现资源的优化配置。

（六）客户关系评估

客户关系评估是指酒店定期对客户关系进行评估，以了解客户的满意度、忠诚度和流失率等指标。通过对这些指标的分析，酒店可以及时发现问题并采取相应的措施，以维护和提升客户关系。同时，酒店还可以根据评估结果调整营销策略和服务方案，以提高自身的竞争力。

（七）客户服务优化

客户服务优化是指酒店不断提高客户服务的质量和效率。酒店可以通过优化服务流程、提高员工的素质和能力、引入先进的服务技术等方式，增强酒店的竞争力。同时，酒店还可以通过提供个性化的服务方案、建立完善的客户服务体系等方式，提高客户满意度和忠诚度。

(八)营销策略优化

基于对客户的深入了解和分析,酒店可以制定更精准的营销策略。通过个性化推荐、制订客户忠诚计划等方式,酒店可以吸引新客户并保持老客户的忠诚度。同时,通过市场调查和数据分析,酒店可以了解市场需求及其发展趋势,及时调整产品和服务策略,满足客户需求。

(九)销售管理

酒店客户关系管理系统可以整合从线索管理到订单执行的销售流程,帮助企业提高销售效率。通过自动化销售流程、销售预测和报告等功能,酒店可以更好地管理销售团队和销售渠道,提高销售业绩。

(十)数据分析与决策支持

酒店客户关系管理有助于酒店利用不同的渠道收集和分析大量客户数据,为酒店决策提供支持。通过数据挖掘和分析工具,酒店可以了解客户需求和市场趋势,为产品研发、市场营销和销售策略制定提供依据。同时,利用数据可视化工具,酒店可以直观地展示数据和分析结果,帮助决策者更好地理解和把握市场动态。

主要术语

1. 客户

狭义的客户,仅仅是指酒店所提供的产品或服务的购买者或使用者,包括消费者客户、中间商客户、内部客户等。广义的客户不仅包括酒店产品的终端消费者,还包括了一切与酒店利益相关的个人和各种组织,包括酒店的供应商、酒店产品和服务的最终使用者等。

2. 客户关系

客户关系是指客户与企业之间的相互影响和相互作用,或者是客户与企业之间的某种性质的关联。

3. 客户关系管理

客户关系管理是指企业为了提高竞争力,以客户满意为战略导向,并在此基础上开展的客户评估、客户选择、客户开发、客户发展和客户保持等商业活动的过程。

4. 酒店客户关系管理

酒店客户关系管理是指酒店以提高客户满意度和忠诚度为目标所开展的客户评估、客户开发、客户发展和客户保持等活动的过程。

任务小结

随着酒店经营管理理念的变化、信息技术的发展，酒店在经营过程中越来越关注客户关系管理的重要价值。在经营过程中，酒店通过精准识别广义和狭义的客户，收集并分析客户的数据和信息，进而实现客户细分、客户沟通、客户关怀、价值分析、关系评估、服务优化、营销策略优化、销售管理和经营决策优化，最终提高酒店的经营管理效率和经营利润。

训练题

一、自测题

1. 酒店客户包含哪些内容？
2. 什么是客户关系？
3. 什么是酒店客户关系管理？
4. 酒店客户关系管理产生的原因有哪些？

二、讨论题

1. 酒店客户关系管理的核心理念有哪些？
2. 酒店客户关系管理包括哪些内容？

任务二　酒店客户关系管理理论基础

一、一对一营销

（一）一对一营销的概念定义

一对一营销是指企业或者企业指派专人在充分掌握个别客户的有关信息后，根据客户的个性化需求，对其开展的个性化的、针对性的、互动的营销活动。

（二）一对一营销的步骤

一对一营销的核心是企业与客户建立起一种新型的服务关系，即企业通过与客户的一次次接触，不断增加对客户的了解。企业可以根据客户提出的要求以及对客户的了解，生产和提供完全符合单个客户特定需要的产品或服务。一对一营销的步骤包括以下几个方面。

1. 识别客户

一对一营销的关键是要掌握每一位客户的详细资料，因此营销者要对客户资料进行深入细致的调查和了解，包括客户的姓名、住址、电话号码、生日、职业，同时还要深入了解客户的消费习惯、个人偏好、历史购买数据等，并基于这些信息绘制客户的用户画像。

2. 客户差别化

客户差别化一般体现在：不同的客户代表不同的价值水平，以及不同的客户有不同的需求。一对一营销理论认为，在充分掌握了企业客户的信息资料并考虑了客户价值的前提下，合理区分企业客户之间的差别是一项重要的工作。在对客户进行差别化区分后，一方面，企业可以针对不同群体设计、制造不同的产品，实施不同的营销策略；另一方面，企业可以针对最有价值的客户来获取最大的利益。

3. "企业—客户"双线沟通

在明确了不同的客户群体后，企业可以识别并记住客户的需求，并把满足客户个性化需求的信息反馈给客户，以维护与该客户的业务。"企业—客户"双向沟通体现在，企业能够精确地掌握客户的需求，并为客户提供更加个性化的、令客户满意的产品或服务，从而使客户更加忠诚，使其更加愿意向企业提供个性化需求信息。

4. 企业各部门通力合作

企业要想满足客户的个性化合理需求，需要各部门通力合作。以酒店为例，酒店市场部要根据客户需求创新产品组合，营销部要通过合理的渠道将这些产品信息推广到消费者端，餐饮部和房务部则要生产出相应的高品质餐饮或住宿产品，为客户提供个性化的服务，财务部则要及时提供关于生产成本和财务的分析。

二、关系营销

（一）关系营销的概念

关系营销的概念最早是由学者白瑞（Berry）于1983年提出的，他将其定义为"吸引、保持以及加强客户关系"。这一概念的提出促使企业的营销方式纷纷由简单的交易性营销转向关系营销，即在企业与客户以及其他利益相关者之间建立、保持并稳定一种长远的关系，进而实现信息及其他价值的相互交换。1996年，白瑞又进一步把关系营销定义为"通过满足客户的想法和需求进而赢得客户的偏爱和忠诚"。

随着理论界对关系营销研究的不断深入，越来越多的学者提出了自己对于关系营销的定义，如麦克肯纳（McKenna）将关系营销的宗旨归纳为将客户、供应商和其他合作伙伴整合到企业的发展和营销活动中。顾曼森（Gummensson）认为，关系营销是关系、网络与互动的统一体。沙尼（Shani）和查拉萨尼（Chalasani）把关系营销定义为一种整合的应用，旨在识别个体的客户并与他们建立一种关系网络，通过长时间的、个性化的互动，不断增强这个关系网络中的各方的互利关系。格朗鲁斯

(Gronroos)指出,关系营销就是在保证利润的前提下,识别与建立、保持与提升,以及必要时终止与客户及其他利益相关者的关系。

综合以上观点,我们可以将关系营销定义为通过明确并满足客户的需求,建立并加强与客户之间的关系,从而获得利益的过程。

(二)关系营销的核心

关系营销强调关系的重要性,即企业通过高质量的客户服务、紧密的客户联系、高度的客户参与等来建立双方良好的合作关系,视客户为永久性的合作伙伴,并与之建立互利互惠的伙伴关系,其目的在于获得新客户的同时留住老客户,并在企业与客户结成的长期关系中获得利益。

关系营销认为企业营销是企业与消费者、竞争者、供应商、分销商、政府机构和社会组织等发生互动的过程,正确处理与这些个人和组织的关系是企业营销的核心内容,也是企业成败的关键。

关系营销的核心是合作,旨在找出高价值客户和潜在客户,并通过人性化的关怀使他们与企业产生合作伙伴式的密切关系,企业通过与其合作实现双赢或多赢,增加关联方的利益,而不是通过损害其中一方或多方的利益来增加己方的利益。

案例链接

金可儿床垫与五星级酒店之间的客户关系营销

金可儿(KING KOIL)是全球著名的床具制造商,创始于美国明尼苏达州圣保罗市,是健康、舒适、高品质床具的代名词。其进入中国市场后,一路高歌猛进,发展势头不减,这其中很大一部分要归功于与五星级酒店维持着的良好关系。五星级酒店一向是高端床具品牌争夺的重要领域。不过,即使地位斐然,大部分床具品牌也仅仅跟它们维持着适度、有限的联系,而金可儿出奇制胜地将五星级酒店的地位上升到战略合作伙伴的关系,通过配合开业、定期培训、互助活动等创造更亲密的工作关系和相互依赖的伙伴关系,形成并发展双方的连续性效益,提高品牌忠诚度和巩固市场。这也就是所谓的"关系营销"。

仅在2015年,金可儿就协助其合作的酒店开展了如下活动:

与携程联手推出周末游体验,让参与者赏美景、泡温泉,以及畅享希尔顿逸林酒店带来的五星级睡眠。

赞助225张"甜梦之床",与廊坊潮白河喜来登酒店携手打破最多人在床上用早餐的世界纪录。

赞助10000元人民币、1套洲际款床垫、4个金可儿国产乳胶枕，助力由洲际酒店集团旗下的智选假日酒店与中国青少年发展基金会共同举办的第五届慈善健康跑活动。

在2015洲际酒店集团四川区域酒店"希望杯"慈善高尔夫精英赛中捐出洲际酒店同款床垫。

金可儿长久坚持的客户关系营销，不仅赢得了客户，还长期拥有了客户。"赢得"靠的是品质，"长期拥有"靠的是服务和营销。而五星级酒店对金可儿的回报同样丰厚。国外多家酒店集团在中国成立的首家酒店都无一例外地选择了金可儿床垫，让金可儿床垫的盛名不仅享誉酒店界，还在普通客户群体中广泛传播。2016年，金可儿的销售量同比增加了100%。

（资料来源：伍京华，《客户关系管理》，人民邮电出版社，2016年版。）

三、精准营销

（一）精准营销的概念

精准营销是指利用大数据和精准定位技术，建立个性化的客户沟通服务体系，实现企业客户量的低成本扩张的一种营销方式。它是一种基于数据分析和目标客户需求的市场营销策略，充分考虑了客户的个性化偏好和行为习惯，核心思想在于将市场资源有针对性地投放到最有可能成为购买者的客户身上，以最大限度地提高销售效益。精准营销的目标是提供对客户而言具有真正价值的产品或服务，从而增加购买率，并建立长期的客户忠诚。

（二）精准营销的方法

在大数据技术快速发展的今天，企业可以最大限度地提高营销的效率，实施精准营销，一般包括以下实施要点。

1. 客户分析

客户分析是精准营销的第一步，通过对客户数据的深入分析，企业可以更好地了解客户的需求、行为和喜好，从而可以精准定位目标客户，将资源用在最有潜力的潜在购买者身上。

2. 消费群体定位

在掌握了客户的消费偏好数据后，企业可以对市场上的消费群体进行一定的划分，针对每类消费群体制定相应的广告策略和拟定推广活动，提高广告投放的精准度。

3. 内容营销

要想进一步吸引消费者，企业需要根据消费群体的偏好生产有价值的内容，如文章、视频、社交媒体帖子等，通过提供有用的信息，建立客户与品牌之间的关系。

4. 社交媒体广告

企业可以利用社交媒体广告平台，根据用户的兴趣、行为等，将广告呈现给特定的受众。

5. 搜索引擎优化

企业可以通过优化网站的内容，使自身在搜索引擎中的排位更高，从而吸引更多的潜在客户。

四、情感营销

（一）情感营销的概念

美国营销专家菲利普·科特勒曾把人们的消费行为大体分为三个阶段：第一阶段是量的消费阶段（处于供不应求的市场环境），第二阶段是质的消费阶段（处于供应较为宽松的市场环境），第三阶段是感情的消费阶段（处于供大于求的市场环境）。随着我国酒店行业的发展，可供消费者选择的酒店越来越多，而消费者在选择酒店商品时往往会受到理性因素和非理性因素的影响，当理性因素没有显著差异时，非理性因素也就是情感因素会在决策中占到主导地位。

情感营销的概念由美国的巴里·费格（Barry Feig）提出，是指通过关注消费者的情感需求，运用情感共鸣、情感表达、情感体验等方式来增强品牌与消费者之间的联系。情感营销策略作为一种以情感为核心的营销方式，已经成为企业赢得消费者的重要手段。

案例链接

"东方甄选"的情感营销

近年来，随着直播带货的快速发展，各种直播形式层出不穷，"3、2、1，上链接"的叫卖式直播充斥着直播平台，单一乏味的直播方式容易使用户产生视听倦怠。"东方甄选"利用新东方的原有优势——早期的教学经历与文化素养培养了一个不可复制的优质主播团队，打造知识类直播新模式，开启了售卖农产品的助农直播之路。"东方甄选"主播在直播中赋予商品情感意义，通过讲故事的方式讲解产品，以真诚的态度面对观众，传递真实的情感，观众在体验直播乐趣的同时，也感受到了浓浓的人文关怀。直播过程充满情感共鸣，形成了情感需求。

除此以外，2023年，"东方甄选"还在四川省捐赠了14座乡村学校图书馆，近10万册图书惠及了四川超过12000名孩子。"东方甄选"始终以消费者为中心，持续投入公益事业，关注社会热点问题，增强企业的社会责任感和公信力，提升品牌口碑以及消费者对品牌的情感认同和忠诚度。

（资料来源：https://zhuanlan.zhihu.com/p/704130955。）

（二）情感营销的方式

1. 品牌故事

通过叙述一个感人或者引人入胜的品牌故事，企业可以在消费群体中建立起情感联系。这个故事可以是品牌的起源、创始人的经历，或者是与品牌价值观相契合的故事。消费者若能被故事吸引，就可以更加深入地了解品牌、产生情感共鸣，进而建立起对品牌的情感依赖。

2. 社交媒体互动

企业可以通过发布有趣、有价值和情感化的内容来吸引消费者的注意，与消费者进行互动，回复他们的评论和提问，表达关怀和尊重，从而更好地了解消费者的需求和偏好，并根据这些信息来调整产品或服务。

3. 慈善活动

慈善活动是企业展示社会责任感的重要途径。通过与慈善机构合作，企业可以向消费者传达积极的价值观，赢得消费者的好感。例如，企业通常通过关注社会弱势群体、参加绿色环保活动等，努力在消费者心目中树立良好的形象。

4. 情感化的广告宣传

企业可以通过情感化的广告宣传，引发消费者的情感共鸣，如通过叙述一个感人的故事、呈现真实的情感或创设有趣的角色形象等，这种方式可以让消费者在广告中明确自己的情感需求。例如，香格里拉酒店集团旗下的"今旅"（Jen）酒店品牌，就是将品牌人物化为一个热爱生活，喜欢旅行、探险和热衷于发现新事物的虚拟女Jen，以吸引有着相同爱好的消费者，提升消费者对品牌的认同感。

五、客户生命周期

(一)客户生命周期概念

客户生命周期是指企业与客户之间从建立关系到完全终止关系的全过程,包括关系建立、关系发展、关系破裂、关系恢复或关系结束,是客户关系水平随时间变化的发展轨迹,动态描述了客户关系在不同阶段的总体特征。

(二)客户生命周期阶段划分

1. 考察期

考察期是客户关系的孕育期。由于客户第一次接触企业,需要花大量成本和精力来收集信息并做出购买决策,然后尝试下单,一般交易量较小。企业则需要花费大量人力和物力进行调研,确定该客户是否为目标客户。在这个阶段,企业对客户投入较多,客户对企业贡献较少。

2. 形成期

形成期是客户关系的发展阶段。在本阶段,双方已经建立了一定的相互信任和相互依赖的关系,客户愿意承担部分风险,对价格的敏感度不像考察期那么高,需求进一步扩大。企业从客户的交易行为中获得的收入已经大于投入,开始盈利,但这一时期的客户关系没有固化沉淀,客户在做出购买决策前,还会对相关竞争性产品进行评价、对比。因此,在这个阶段,企业要建立并完善客户档案信息,通过恰当的方式与客户保持沟通,了解客户的真实需求和感受,通过"承诺和兑现承诺",使客户建立对企业的信任,提高客户对企业的黏性。

3. 稳定期

稳定期是客户关系发展的最高阶段。此时,双方已经建立了长期合作关系,客户对企业的产品或服务的数量和质量需求相对稳定,对价格的敏感度进一步降低,交易量增大,会主动为企业传递良好的口碑并为企业推荐客户,形成外部效应。在稳定期,企业客户关系管理的主要任务是"保持",尽量延长稳定期的时间。在这一阶段,企业应构建客户学习曲线,使客户感受到与企业保持现有关系带来的附加价值,培养客户的主动忠诚。

4. 退化期

退化期是客户关系发展的逆转阶段,表现为客户的购买水平下降。这种下降,有可能是客户对产品或服务的抱怨增多,满意度下降,也可能是市场上出现了更有竞争力的替代品,使客户有了新的选择。这个阶段,企业需要对客户的价值进行评估,如果客户关系仍然有存在的必要,应努力采取客户关系恢复策略;如果客户关系没有存在的必要，应采取客户关系终止策略。同时，企业应注意认真倾听客户的心声，了解客户的真实需求，分析客户流失的原因。

主要术语

1. 一对一营销

一对一营销是指企业或者企业指派专人在充分掌握个别客户的有关信息后，根据客户的个性化需求，对其开展的个性化的、针对性的、互动的营销活动。

2. 关系营销

关系营销是指通过明确并满足客户的需求，建立并加强与客户之间的关系，从而获得利益的过程。

3. 精准营销

精准营销是指利用大数据和精准定位技术，建立个性化的客户沟通服务体系，实现企业客户量的低成本扩张的一种营销方式。

4. 情感营销

情感营销是指通过关注消费者的情感需求，运用情感共鸣、情感表达、情感体验等方式来增强品牌与消费者之间的联系的一种营销方式。

5. 客户生命周期

客户生命周期是指企业与客户之间从建立关系到完全终止关系的全过程，包括关系建立、关系发展、关系破裂、关系恢复或关系结束，是客户关系水平随时间变化的发展轨迹，动态描述了客户关系在不同阶段的总体特征。

任务小结

酒店客户关系管理本质上是通过各种策略，识别、建立和维护与客户的良好关系，从而获得利益。掌握一对一营销、关系营销、精准营销、情感营销、客户细分、客户生命周期等概念的基本内涵，有助于酒店掌握客户关系管理的原理，更好地实施客户关系管理的策略。

训练题

一、自测题

1. 什么是一对一营销？
2. 什么是关系营销？
3. 精准营销的方法有哪些？

4. 什么是情感营销？情感营销有哪些方式？

5. 客户生命周期可以分为哪些阶段？

二、讨论题

1. 一对一营销、关系营销、情感营销与传统营销的区别分别是什么？

2. 在客户生命周期的不同阶段，企业可以采取怎样的策略来维护与客户之间的关系？

项目二
酒店客户增长管理

 项目概述

为了实现酒店客户增长,酒店经营者需要制定和执行有效的策略。本项目主要介绍酒店客户细分、酒店客户开发策略、酒店客户接触点与"关键时刻"以及酒店客户培育过程。酒店客户增长管理的策略将帮助酒店吸引更多的客户,提高客户满意度,并为酒店业务的长期发展奠定基础。综合职业能力体现了对所学知识和技能的综合运用和实践检验,这也是酒店职业能力培养的重点和难点。

 **项目目标**

知识目标

(1) 掌握酒店客户细分的标准。
(2) 了解酒店客户细分的几种类型及其相应的特点。
(3) 掌握酒店客户开发的策略要点。
(4) 了解酒店服务"关键时刻"的含义。

能力目标

(1) 能针对不同客户的特点设计针对性服务。
(2) 能运用大数据进行客户细分。
(3) 掌握运用社交媒体开发客户的策略和方法。
(4) 能基于"关键时刻"进行服务设计。
(5) 具备灵活的应变能力、细致的观察能力、准确的语言表达能力、求新求变的创新能力等综合职业能力。

素养目标

(1) 增强爱岗敬业的意识和职业自豪感。

(2) 培养乐观、积极向上的职业态度和生活态度。

 知识导图

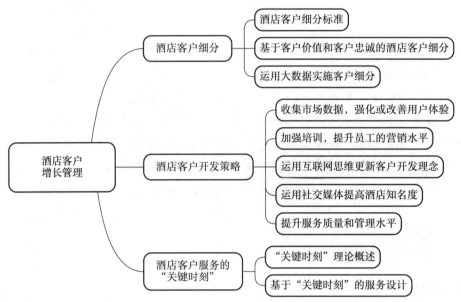

重点难点

重点：

掌握酒店客户开发策略。

难点：

能基于"关键时刻"进行服务设计。

 案例导入

希尔顿酒店集团认为客户关系管理（CRM）就是创造价值，包括为客户创造价值，以及为业主、加盟者和管理者创造价值。客户关系管理包括制定清晰的业务策略、聚焦最有价值的客户、追求短期成功、向客户提供实际利益、充分运用现有的科技和资源，以及在各个接触点上建立共同的客户视图，而进行客户关系管理的作用包含以下几点。

①提高销售额。利用CRM系统提供的多渠道的客户信息，确切了解客

户的需求，增加销售的成功概率，进而提高销售收入。

②增加利润率。基于对客户的深入了解，业务人员能够有效地抓住客户的兴趣点，进行有效销售，避免盲目地利用价格让利取得交易成功，从而提高销售利润。

③提高客户满意程度。CRM系统能够给客户提供多种形式的沟通渠道，同时又能确保各类沟通方式中数据的一致性与连贯性，利用这些数据，销售部门可以对客户要求做出迅速而正确的反应，让客户在对购买的产品感到满意的同时也认可企业，并愿意与企业保持有效沟通关系。

④降低市场销售成本。CRM系统对客户进行了具体甄别和群组分类，并对其特性进行了分析，避免了市场推广以及销售策略的制定与执行的盲目性，节省了时间和资金。

希尔顿酒店集团把自己的CRM计划划分为四个阶段，并分别形象地比喻为爬行阶段、走路阶段、奔跑阶段、飞行阶段。这些阶段的每个流程都涵盖了酒店对客户数据的收集与运用。

①爬行阶段：设立客户档案经理的职位，负责将酒店各部门收集到的客户信息进行汇总，从而保障每个品牌在每个客户接触环节都可以识别某个客户及其个人偏好；改良抵店客户报表，以能够反映客户的个人偏好、特殊要求，以及酒店在客户各个接触点的过往的服务失误及跟踪补救措施；重整Hilton Honors体系和钻石服务承诺，确保任何时候在任何酒店，"最佳客户"都能获得最佳服务；建立"服务补救工具箱"，保证补偿的成效，消弭客户因为服务失误而产生的不快；增强客户档案的功能，包括加急预订以及对历史订单的浏览；对员工进行酒店级CRM入门培训。

②走路阶段：将原来的CRM数据整合到酒店管理系统，让每一个一线人员都可以得到弹出账单消息等方面的自动提示；建立客户自助式的在线客户档案更新系统；把客户投诉/服务失误整合到客户档案管理系统中，从而让经营者可以界定存在流失风险的客户；将希尔顿全球预订和客户服务中心与客户档案管理系统进行整合，使预订人员可以得到自动的系统提示；改善客户隐私保护政策和程序；进行酒店员工的管理强化培训。

③奔跑阶段：让客户档案在任何地方、任何官方渠道都可以访问和改善，帮助员工识别客户，扩充客户喜好和特殊需求方面的信息，包括提供天气信息、交通指引，以及特殊服务等；根据客户的信息资料，在所有接触点为客户提供个性化服务，包括在线账单查询、感谢信、满意度调查、积分公告、特殊的市场优惠等；加强酒店的科技产品研发，更新并进一步完善酒店CRM系统。

④飞行阶段：组织具有针对性的个性化促销活动，按照客户旅程安排

提供特别服务项目，如个性化的客房内娱乐项目；加大无线技术的深入使用，如远程入住登记和无钥匙进入；进行客户生命周期管理，通过绑定客户、让客户参与跨品牌体验等途径，维持并巩固与客户的友好关系，提高客户忠诚度，进一步开发客户终身价值；进行客户的收益管理，根据客户的终身价值和风险因子确定价格策略。

"一个尺码难以适合所有的人"，在对客户做了细致分类的基础上，希尔顿酒店集团通过提供不同档次的酒店及相应的服务来满足不同客户的需求。

（资料来源：https://www.renrendoc.com/paper/179974123.html。）

任务一　酒店客户细分

在激烈的竞争压力下，酒店纷纷开始探索获得竞争优势的方法，营销重点由发展新客户转向育留老客户，日益重视对忠诚客户的培育和保持。客户价值是客户忠诚的驱动力，客户细分能帮助酒店管理者更好地识别不同客户群体的价值，找到酒店营销的重点目标，进而采用适合企业发展的细分客户保持与发展策略，从而在实践中培育更多的忠诚客户，提高客户关系管理的水平，提升酒店的品牌知名度和社会影响力。

一、酒店客户细分标准

（一）客户细分的概念

自20世纪50年代中期美国学者温德尔·史密斯提出客户细分概念开始，学者们纷纷开始对不同领域客户进行细分研究。通过阅读相关文献，我们可以发现，客户细分标准有基于客户特征的客户细分、基于客户价值的客户细分和基于客户忠诚的客户细分三类。客户特征包括客户个性特征和消费特征；客户价值包括客户当前价值、潜在价值或终身价值；客户忠诚包括客户行为忠诚和态度忠诚。客户特征主要指客户消费的目的或性质。客户消费行为指客户实际购买行为，涉及购买次数、购买频率和购买数量等方面，依据客户消费行为可进一步推断出客户对酒店的忠诚度和客户对酒店的价值，是酒店客户细分最常用的标准。

（二）基于客户特征的酒店客户细分标准

1. 按客户户籍来源地划分

按户籍来源地对客户进行分类，便于酒店对客源地排名前几位的客户群体提供针对性的服务，如为客户提供其家乡的风味菜、报纸、卫星频道，为客户安排会讲其家乡方言或其所属国家语言的服务人员等。

2. 按客户所属行业划分

按所属行业对客户进行分类，有助于酒店有针对性地了解客户的需求并提供相应的优质服务，满足客户的接待需求。当类似的行业比较多时，酒店应调整产品和服务，以更好地适应客户的需求。

3. 按客户预订方式划分

按预订方式进行划分，酒店的细分客户包括协议单位、会员、中介、散客、OTA等。对客户的预订方式进行分析有助于酒店掌握销售渠道，并结合具体情况决定是否需要进行全面或者局部强化。

4. 按客户消费总额划分

酒店可以进行年度消费排名统计，通常全年消费排名前20位客户产生的酒店收入占酒店总收入的20%左右，按照"80/20法则"，这些是酒店需要重点关注的客源，保持他们的相对稳定性是酒店所有员工的重要工作，这类客户的流失往往会对酒店的正常营收造成很大的影响。

5. 按客户VIP等级划分

有些客户的知名度很高，如政府高官、明星、百强企业总裁等，他们对提升酒店的声誉有极大的帮助，能对从事与其相同或相似工作的客户产生巨大的影响力。酒店可通过接待一定数量的VIP客户来提升自己的知名度、美誉度，并通过为VIP客户服务来检验酒店的产品质量和服务水准。

6. 按客户光顾频率划分

按光顾频率，可以将客户划分为以下三类。其一是长住客，即以年为单位包租酒店客房的客户。其二是常客，即一年之中多次光顾酒店的客户，是酒店需要高度重视的客源。其三是一般客户。一方面，与一般客户相比，前两类客户光顾的次数更多，说明他们对酒店的各项服务达到了高度的认可，甚至已经非常习惯地选择了本酒店。另一方面，与一般客户相比，前两类客户对酒店的期望值可能会更高，一丁点儿投诉可能都会上达总经理的层面，要想不时地给予他们一些"惊喜服务"更是难上加难，这对酒店人来说是一个巨大的挑战。前两类客户不一定很有名气，却能在他们所在的圈子产生很大的影响力，能吸引同圈子的客户大批量、经常性地来酒店消费，为酒店创造稳定的收入和利润；反之，当他们"拂袖而去"时，也会带走一大批客户。

7. 按客户消费时节划分

客户选择到酒店的时间往往与他们所在行业的商业周期有着极大的关系。旅行社按淡旺季划分产品较为明显，商务公司较为常见的有半年总结会、年终总结会、团拜会，以及适时推出的新产品订货会等。酒店若是对所在地的主要行业的商业周期进行仔细分析，就能适时地吸引不同商业周期的客户到酒店开展各类社交活动，让酒店的经营一年四季都处于比较旺的状态，而不是淡季"吃不饱"，旺季"撑不下"。

8. 按客户性别和年龄划分

通常来说，客户的性别与年龄都记录在其身份证件上，电脑能非常容易地进行分类，并得出男女的比例、各个年龄段的比例等信息，酒店需要分析和运用这些信息，将闲置客房充分利用起来。例如，如果老年客户光顾，酒店应尽可能给他们安排隔音较好的客房；如果亲子客户光顾，酒店可安排具有游乐设施的房间或者家庭房。总之，酒店应努力满足不同客户群体的多样化需求，提高客户满意度。

9. 按客户消费水平划分

酒店的房间价格有高有低，设置不同价格的房间旨在满足有着不同消费水平的客户的需求。同样是大床房，行政楼层的价格就高于普通楼层。酒店应该分析这些房间通常被什么类型的客户所选择，他们为什么会做出这样选择。这对于酒店构建合理的客房产品价格体系有重要的指导意义。酒店应结合客源市场的特点进行布局，例如：以商务客源为主的酒店，大床房和套房的配备数量应充足；会议、旅游团接待较多的酒店，双人间配备数量要合理。总之，酒店需要进行精准市场定位，从而挖掘出不同的市场客源。

10. 按客户消费个性特征划分

不同的客源有不同的消费习惯和个性化特点。当客户对于无烟房的需求较多时，酒店可考虑设置专门的无烟楼层，不仅需要撤除烟灰缸、火柴等物品，还需做无烟处理。商务客户对电脑方面的需求较多，酒店应对配备的电脑房进行无线网络高速覆盖，以满足对网速要求非常高的商务客户的需求。

二、基于客户价值和客户忠诚的酒店客户细分

在酒店数字化发展的形势下，酒店在对客户进行细分时应充分考虑数据分析的需要。对客源市场做进一步细分，是关乎酒店营销计划的制订、执行、调整等的重中之重。鉴于客户价值和客户忠诚对酒店客户细分有重要的意义，而当前越来越多的酒店将客户价值和客户忠诚作为细分标准，下面我们主要结合酒店行业客户表现特征，从客户价值和客户忠诚角度进行酒店客户细分。

（一）白金客户

这类客户的特点是行为忠诚度、态度忠诚度及客户价值都很高。他们从行为和态度上都表现出对酒店的高度忠诚，不仅多次选择酒店、为酒店发展提供建设性意

见，还会积极向他人传播酒店的良好口碑。这类客户的价值很高，是酒店收益的保证。酒店应该投入优质资源来保持和发展此类客户，单独设计针对这类客户的服务策略，提供专属服务，实施精细化管理，持续提供超期望值的产品和服务，促使客户忠诚进入理想的可持续阶段。

（二）黄金客户

这类客户的特点是拥有高的行为忠诚度和态度忠诚度、相对较低的客户价值。他们保持相当比例的重复购买行为，不会轻易因外部环境的影响或竞争对手企业的营销措施而改变忠诚度。他们真正喜欢酒店的产品和服务，对错误的容忍程度较高，愿意尝试酒店新产品或服务项目，既会对酒店提出建设性的意见，也会对酒店品牌进行正面的宣传。在酒店客户群体中，他们是与酒店建立了合作关系的团队或酒店的常客，对于酒店而言十分重要。随着消费次数的不断累积，这类客户对酒店的熟悉程度不断提高，进而会提高对酒店提供的产品、服务的要求。酒店需要投入较多的资源和精力维持与此类客户的关系，可以采用忠诚计划来保持这类客户对酒店的高度信任感和忠诚度，防止其转向竞争对手。

（三）铜质客户

这类客户的特点是有较高的行为忠诚度和客户价值、较低的态度忠诚度。这类客户业务量大，未来也有一定发展潜力，但他们缺乏对酒店的信任感和归属感，不是因为真正偏爱酒店产品而做出选择，而是综合考虑了消费习惯、转换成本、机会风险等外部客观因素。在酒店客户群体中，他们可能是非长期合作的团队、会议客户或商旅客户，因其感知成本较低所以相对客户价值高。对于酒店而言，这类客户的价值较高，应作为重点关注对象，在保证产品和服务质量的前提下，从价格方面给予优惠的合作条件，持续提高客户满意度，引导客户形成品牌偏好，推动客户关系向稳定阶段发展。

（四）铁质客户

这类客户的特点是拥有较高的客户价值及态度忠诚度、较低的行为忠诚度。虽然他们与酒店的合作次数少，购买酒店的产品或服务相对有限，但通过对购买体验的综合评价，表现出对酒店产品和服务较高的满意度，形成品牌喜爱，乐意向周围的朋友推荐和宣传本酒店。他们购买的产品或服务相对有限，可能是因为暂时没有需求，也可能是因为受到经济条件、地理位置等客观因素的限制，如果条件成熟，他们大概率是愿意重复购买的。在酒店客户群体中，他们可能是一般散客，但由于消费潜力较大并且群体范围较广，对酒店而言也是很大的潜力市场。酒店应该加大品牌宣传力度，进行品牌推广和产品创新，通过积极的客户关系来吸引这类客户群体重复购买，推动客户关系尽快进入稳定期。

（五）潜力客户

这类客户的特点是拥有高的客户价值，但没有较高的态度忠诚度和行为忠诚度。他们的购买次数有限，没有更多的重复购买意愿，在态度和行为方面尚没有形成对酒店的忠诚，但他们可能是酒店的新客户，在未来有很大的增值潜力。酒店应该投入一定的资源来为他们持续提供性价比高的产品和服务，加强客户关系管理，提高客户满意度，使其建立品牌信任和偏好，进而提高客户忠诚度，使其为酒店创造更多的利润。

（六）风险客户

这类客户的特点是态度忠诚度高，但行为忠诚度及客户价值较低。客户与酒店的关系可能处于考察期，他们与酒店合作次数较少并且对酒店产品和服务评价较低，表现出较低的行为忠诚度和客户价值，态度忠诚表现较好可能是表象，如果酒店没有努力加强与此类客户的关系，可能会导致客户流失，对酒店来讲存在一定的风险，酒店应当投入适当资源，提高这类客户的感知价值与客户满意度，促进客户关系向高级阶段发展。

（七）挑剔客户

这类客户的特点是行为忠诚度较高、态度忠诚度和客户价值较低。这类客户虽然有一定的重复购买行为，但并没有在态度上对酒店品牌产生高度认可，对产品或服务的质量、承诺及价格较敏感，决策时非常谨慎且极易变化，他们重复购买的原因可能是受酒店促销的影响或价格优势的吸引。在酒店客户群体中，他们可能是理性或挑剔型客户。虽然这类客户价值低，与企业的关系较为薄弱，但因为短期内对酒店有一定贡献，酒店也应积极对待。对于这类客户，酒店可以提供有限服务或将价格进行分解，舍弃某些服务项目，适当降低价格，从而提高其感知价值，提升客户的满意度。

（八）劣质客户

这类客户的特点是客户价值、行为忠诚度和态度忠诚度都很低。他们购买有限，对价格非常敏感，对质量十分挑剔，很容易受到各种因素影响，不重视品牌情感，不仅不会对酒店品牌进行正面宣传，反而会对其他客户产生负面的影响，短期看来不具备盈利的可能，是最没有吸引力的一类客户。在酒店客户群体中他们是"黑名单"客户，这类客户对酒店贡献的价值很少，甚至没有贡献或有不利影响，而且有可能影响其他几类客户为企业创造的利润。即使酒店采取策略尽力维护与此类客户的关系，也可能得不到进展。酒店可以将这类客户暂时从培育目标范围中拿掉，停止对这类客户的投入，将工作的重点放在其他客户身上。

三、运用大数据实施客户细分

对于酒店而言,客户细分可以帮助酒店实现精准营销,提高营销转化率。要想从这些海量的客户数据中挖掘出有价值的客户信息,就需要运用到数据挖掘技术,数据挖掘的关键是从客户的视角出发,分阶段、分层、分群体地对用户进行精细化运营管理。大数据获取的数据是半结构化或非结构化数据,客户信息以某些混合式的形式表现,不像关系型数据库那样可以让人一目了然地了解到客户的信息,因此,酒店需要对获取的信息进行大数据技术处理,以及利用数据挖掘对数据进行分析,通过数据分析转化为能够识别的结构化数据。此外,酒店还应了解客户的价值,可以对数据库中所有的数据进行比较分析,从而得出哪些是高价值客户,哪些是低价值客户,通过对客户进行分层管理,解决难以识别客户真实性的问题,达到以大数据为内在依据实施客户的细分管理的目的。

此外,客户细分还有助于酒店实现对客户的精细化管理,从而更高效地服务于客户。在大数据背景下,客户的来源比较复杂,数据较多,传统的手法已无法满足现有的客户需求。面对庞大的客户群体,酒店需要利用大数据的相关技术才能解决大量数据引起的客户细分过程中的问题。酒店可以通过专门的技术团队进行数据分析和处理,利用数据抓取工具获取客源,例如,Web Scraper抓取工具主要用来获取酒店的网络信息和客户评价信息,获取大量的客户信息则需要利用专门的爬虫工具。酒店还可以精准推送以兴趣为导向的内容,利用新媒体技术等获得数据,利用大数据储存技术存储海量数据,再通过数据清洗对数据进行整理,利用数据挖掘技术分析客户数据中有价值的客户,然后实施客户细分,进行精准营销,满足客户的个性化需求,从而提升公司的营销转化率。

总之,不同的客户贡献的价值是不相同的。对于酒店而言,应留住核心客户,培养重点客户,不断提升服务品质和产品质量,以更好地满足客户的需求。此外,酒店还应建立客户数据库,综合分析客户的下单周期、产品偏好,以及市场环境等因素,秉承"以人为本""以客户为中心"的原则,为客户提供优质、卓越的服务。

主要术语

1. 酒店客户细分标准

自20世纪50年代中期美国学者温德尔·史密斯提出客户细分概念开始,学者们纷纷开始对不同领域客户进行细分研究。通过阅读相关文献我们可以发现,酒店客户细分标准有基于客户特征的客户细分、基于客户价值的客户细分和基于客户忠诚的客户细分三类。

2. 基于客户特征的酒店客户细分标准

基于客户特征的酒店客户细分标准包括：按客户户籍来源地划分；按客户所属行业划分；按客户预订方式划分；按客户消费总额划分；按客户VIP等级划分；按客户光顾频率划分；按客户消费时节划分；按客户性别和年龄划分；按客户消费水平划分；按客户消费个性特征划分等。

3. 白金客户

白金客户的特点是行为忠诚度、态度忠诚度及客户价值都很高。这类客户从行为和态度上都表现出对酒店的高度忠诚，不仅多次选择酒店，为酒店发展提供建设性意见，还会积极向他人宣传酒店。这类客户的价值很高，是酒店利润的基石。

4. 黄金客户

黄金客户的特点是拥有高的行为忠诚度和态度忠诚度、相对较低的客户价值。在酒店客户群体中，他们是与酒店建立了合作关系的团队或酒店的常客，对于酒店而言十分重要。随着消费次数的累积，这类客户对酒店的熟悉程度不断提高，进而会提高对酒店提供的产品、服务的要求。由于酒店的产品和服务具有有限性，若是酒店难以满足客户新的消费需求，这类客户的客户价值会因为感知疲劳或竞争对手的产品或服务所带来的新鲜感而相对有所降低。

任务小结

在进行客户细分之前，首先需要收集客户的基础信息，包括客户的基本情况、需求、偏好和行为特征等。这些信息可以通过市场调查、客户访谈、数据分析等方式获取。酒店可以通过大数据对这些信息进行整理和分析，对客户进行初步的分类和识别。其次需要对客户的综合价值进行评估和分类。通过对客户的价值进行评估，酒店可以将客户分为不同的等级和层次，从而更好地制定营销和服务策略。例如，从客户价值和忠诚角度，酒店可以将客户分为白金客户、黄金客户、铜质客户、铁质客户、潜力客户、风险客户、挑剔客户和劣质客户等。在客户细分的基础上，酒店应通过不断优化改进产品和服务质量，更好地满足客户需求和提高客户满意度。例如，可以定期对产品和服务进行质量检测和评估，根据客户需求和市场变化及时进行调整和改进等。同时还需要注重对营销策略的持续优化和创新，以保持竞争优势和市场份额的稳定增长。

训练题

一、自测题

1. 酒店客户细分的概念定义是什么？
2. 酒店客户细分的标准包含哪些？

二、讨论题

1. 客户可以分为白金客户、黄金客户、铜质客户、铁质客户、潜力客户、风险客户、挑剔客户和劣质客户，不同类型的客户的特点分别是什么？
2. 酒店应该如何运用大数据进行客户细分？

三、实践题

某五星级酒店近年来面临客户规模不断萎缩、客户满意度持续下降的问题，该酒店新上任的总经理王总针对酒店经营管理现状展开调研发现：酒店客户关系管理水平持续下降，客户关系管理理念滞后。基层员工尚未建立以客户满意为中心的服务理念。部分高层管理者缺乏对客户关系管理的细节把控。针对酒店各部门负责人的访谈结果显示，虽然这些部门负责人一致认为客户关系管理工作非常重要，但是当谈及如何提升客户满意度、如何改善客户关系时，绝大部分管理者认为，具体客户关系管理属于基层员工、中层员工的任务范围，而自己工作的主要重心还是在于将酒店服务产品推销出去，降低酒店运行成本，最终达到提高酒店的利润率的目的，而客户关系管理更多地被认为服务于提升酒店利润的目的。酒店设有客户信息档案专门管理系统，出现这种情况，显然是没有将该系统充分利用起来。此外，部分部门收集的信息相对完整，如前厅部和客房部，而部分部门，如餐饮部、健身中心收集的信息却是碎片化的。这也就造成整个酒店无法完整收集客户信息，导致信息利用效率低，酒店无法完整掌握客户信息的全貌。客户信息利用效率比较低，部门之间信息碎片化导致信息处理部门无法有效建立起完整的信息链条，使得客户信息分析好像在"走过场"，很多数据没有得到有效利用，造成了资源的浪费。

若你是该酒店的相关管理人员，你是否可以针对该酒店客户关系管理的现状提出改进的措施？

任务二　酒店客户开发策略

在数字化时代背景下，酒店客户开发需要注重客户的消费体验和个性化服务。客户大多希望酒店能主动、精准且不着痕迹地感知他们的需要并提供高效、优质的服务。酒店可以借助现代化技术手段，为客户提供线上线下、全方位、立体化、个性化的定制服务，做到既着眼于解决客户的现实问题，又关注他们的个性化需求。

一、收集市场数据，强化或改善用户体验

通过不同通道与酒店客户关系管理系统连接的客户，其所有的行为以数据和信息的形式在客户关系管理系统中留痕，形成包含一个个独立客户数据包的动态更新的客户数据库，类似于酒店的客史档案。依据是否为会员，可以将客户分为两类：酒店忠诚计划会员客户和非酒店会员客户。酒店应高度重视市场数据的整合管理及改善用户体验。

（一）市场调研

市场调研是酒店客户开发策略的关键部分，因为它提供了关于目标市场的深入理解，涉及客户需求、竞争态势以及市场趋势等。通过定期进行市场调研，酒店可以确定目标客户群，理解他们的期望和需求，并据此制定营销和产品策略。

（二）产品创新

在酒店行业中，产品创新至关重要。这可能包括新的房型设计、餐饮服务、设施或活动。产品创新有助于酒店满足客户需求，并吸引新的客户。例如，某五星级酒店的客户多为商务人士，这类客户群体对酒店产品和服务品质有一定的追求，因此该酒店需要在创新"绿色产品"上下功夫。该酒店将绿色环保理念贯穿酒店产品和服务，积极改造"绿色客房"，例如，在客房内安装虹吸式静音节水、易清洁的坐便器，多档出水增压恒温式淋浴头以及智能数显即热式水龙头，以及节能床头灯等。该酒店采购纯天然、绿色有机蔬菜，利用绿色有机农家菜为客户个性化设计、烹饪菜点，推出"绿色包厢"。此外，该酒店将客房服务与餐饮服务相结合，推出酒店"客房＋餐饮"套餐优惠活动，达到了吸引客户并售出产品的目的。

（三）定价策略

合理的定价策略是吸引和留住客户的关键。酒店应基于成本、竞争对手的价格和市场接受度来制定价格。同时，酒店应考虑提供灵活的定价选项，如"早鸟"预订折扣、团体折扣或忠诚计划。价格策略是酒店盈利的关键，在酒店经营过程中，产品价格的合理化制定会对酒店利润额、消费者人数和酒店竞争力产生很大的影响，是酒店营销策略的重要组成部分，也是酒店实现市场价值、获取盈利的重要环节。酒店应针对其目标市场和产品定位，结合酒店市场形势和客户消费需求，科学合理地制定差别化的定价策略，在对产品进行定价时要综合考虑产品和服务成本、市场定位、市场资源、行业发展形势、潜在客户消费能力等因素，从而制定灵活、合理

的产品价格，进而在吸引客户来店消费、提供令客户满意的价格的同时，实现利润最大化。

二、加强培训，提升员工的营销水平

酒店员工的专业性和服务水准是客户体验的关键影响因素。因此，酒店应加强员工培训，以确保他们能够为客户提供优质的服务，并不断提升员工在客户开发方面的专业水平，使客户获得良好的体验。

（一）招聘经验丰富的营销人员

经验丰富的营销人员有能力把控促销灵活性，面对面沟通能力强，感知能力强，能针对客户的需求进行重点讲解，掌控成交时机，可以与客户之间快速建立信任关系，这为交易成交打牢了基础。酒店可以通过"师徒制度"等方式，全面提升员工的营销水平。

（二）培养营销人员的促销能力

优秀的营销人员可以让客户的思路跟住自己说话的节奏，善于观察客户的心态变化，并围绕有利于成交的方面对产品进行着重讲解，提升成交的可能性。

（三）提升营销人员开发客户的能力

营销人员的销售流程包括寻找潜在客户、跟进交流、诱发客户需求、满足客户需求、成交、提供售后服务等。酒店应结合市场营销部门人员配置情况，建立目标考核体系，为每位员工设定客户获取数量、活动链接转发量、酒店公众号推文阅读量等方面的具体量化指标，每月定期对员工的营销效应进行评价，并在当月工资绩效考核上有所体现，真正发挥出全员营销的效应，产生朋友圈裂变效应，使酒店产品和服务销售量达到指数型增长，保障酒店业绩企稳和不断攀高。

三、运用互联网思维更新客户开发理念

在方法、策略制定方面，酒店应充分发挥互联网现代信息技术优势，不断更新客户开发理念，将客户需求作为营销策略制定的出发点，在充分考虑酒店发展的外部环境和内部环境的基础上，采用与酒店发展战略方向相适应的方法、策略，实时关注渠道代理商的动态并及时调整具体方法。代理商的酒店行业人脉资源丰富，信息灵通，酒店能够通过他们及时了解竞争对手的动态。

（一）突出特色产品

酒店应分析竞争对手的产品，通过促销活动，突出自有产品的优势，让客户倾

向于选择自己的酒店，从而扩大竞争优势。例如，某酒店周边居民社区和商务写字楼较多，该酒店结合自身特点，为周边社区居民和商务人士打造午餐套餐、自助早餐次卡等消费产品，拓展了消费市场，建立了周边区域服务微信群，通过微信群接龙等工具推广和售卖酒店产品，不断发掘新的目标客群，从而扩大市场份额，取得竞争优势。

酒店应顺应市场的需求，开发更多的优质产品，找寻更多的消费渠道和平台，保持客户黏性，发现和创造更多的需求，从而使酒店经营进入良性循环。

（二）树立企业形象

酒店应积极建设品牌形象和信誉，良好的形象是酒店重要的无形资产，会使酒店受到客户的偏爱。在信息爆炸的时代，客户已经练就了"火眼金睛"，能准确分辨出哪些是真正优惠的活动，哪些是带有隐形消费陷阱的活动。真正令客户满意的不仅是活动本身，还有客户通过参加活动所获得的价值和益处。

在人口老龄化和后疫情时代背景下，越来越多的客户关注自己的身体健康和安全。一些酒店顺应客户的安全和健康需求，通过推出"放心住""安心吃"等一系列促销活动，将广告宣传内容重点转移至酒店的卫生环境、健康饮食、康养理念等方面，通过带给客户实惠、保障客户的安全来打动客户，提高客户对酒店品牌的忠诚度和满意度。

四、运用社交媒体提高酒店知名度

社交媒体的宣传可以提高酒店的知名度，吸引更多的客户前来住宿。促销的实质是沟通信息，要积极创造与潜在客户沟通的机会，这是酒店营销人员必须具备的能力，客户开发策略的核心就是创造机会，主要从以下方面展开。

（一）优先使用社交媒体

社交媒体可以助力酒店推广，不仅能让更多的客户更快地了解酒店特色和价格优惠等方面的信息，还可以让酒店与客户的沟通更加便捷，促使酒店及时更新信息，这不仅能让客户有更多的选择，还有助于客户接受酒店产品。酒店应结合自身发展的实际情况，开发新媒体营销平台。新媒体营销平台具有传播范围广、成本低、交互性强等特点，深受当代年轻客户的喜爱。因此，酒店可以充分利用抖音、快手、小红书等新媒体平台，尝试邀请当地网红进行引流，吸引更多客户的关注。在传播内容上，要充分发挥短视频的特点，根据酒店目标客户群的需求，进行精准视频营销，增加视频的故事性和情景性，拉近客户与酒店的距离，提升品牌的美誉度和知名度。

（二）利用网络营销

利用OTA进行网络营销是一种非常有效的推广方式，它可以让酒店更具吸引力。利用网络营销，酒店可以发布一些新的特色产品，更有效地吸引客户，客户也能在第一时间获得酒店最新的优惠信息。酒店应充分利用网络营销的技术优势，整合现有的线上直销网络，把线上自有销售渠道外包给专业的第三方团队，通过捕捉当地的时事热点，并快速反映到线上营销内容上，将酒店信息进行精准传递。同时，酒店应注意收集与客户的互动信息，这些信息可以作为重要的市场调研信息，为将来产品和服务的升级提供参考。

（三）利用微信公众号向会员定期推送内容

酒店可以利用微信公众号向会员定期推送内容，例如，酒店可以在微信公众号上定期发布周边旅游线路服务、创新型产品组合等方面的信息，并不定期更新酒店促销活动内容，充分发挥微信公众号的重要推广作用。酒店应不断发展新会员，加大宣传范围，包括组织线下新产品宣传活动，邀请会员到店参与活动等，以增加客户黏性。酒店应积极与其他商家建立合作关系。例如，酒店可以与旅游网站、旅行社、会议组织者等进行合作，这不仅可以提高酒店的知名度，还可以丰富客户的选择，增加酒店的潜在客户来源。

五、提升服务质量和管理水平

酒店的服务质量和管理水平会对客户选择产生影响，因此，酒店应不断提升服务品质，健全管理机制，优化经营理念。

（一）完善服务细节，改善服务状态，提高服务质量

酒店要想提高自身竞争力，需要提升员工的对客服务水平。在酒店管理工作中，为客户提供优质的服务是永恒的主题。相关部门需要针对不同的岗位，制定相应的服务流程以及质量标准，并进行不断完善和及时修订，对服务流程进行细化，使所有服务环节都有相应的操作标准，向客户充分展示酒店的服务品位。酒店应不断提升员工的服务能力，对VIP客户、常住客户的信息进行建档，并让全体员工熟悉相关内容，鼓励员工为客户提供个性化服务。对于服务行业的员工，尤其是酒店行业的员工而言，礼仪礼貌是非常重要的，酒店应对员工进行礼仪礼貌培训，努力让员工都能够做到为客户提供卓越的服务。

（二）完善酒店规章制度，健全内部管理机制

对于管理工作中的问题和不足之处，酒店管理者要及时改正和完善。在现代酒

店管理模式不断创新的背景下，酒店管理者应加强对管理制度的重视，建立健全相关制度，使酒店管理中存在的问题得以妥善解决，通过不断优化各项管理工作，让企业管理朝着专业化、现代化、人性化方向发展。

（三）建立重细节的经营理念，不断优化服务

酒店在制定培训方案时，应该充分考虑酒店的具体情况，保证培训方案的科学性和合理性。酒店应有针对性地组织员工培训，并对培训的过程进行监督，对培训的结果进行评价。同时，酒店应重视培训的方式方法，采取有效的培训方法才能获得较好的培训效果。经过培训后，员工能够更好地掌握岗位业务知识，提高服务技能。酒店可以采取案例教育方法，收集工作中的典型案例并组织员工进行集中学习。无论是部门经理还是领班，都应该进一步加强岗位培训。酒店相关管理人员应指导并监督员工培训活动，努力提高员工的整体素质、改进员工的服务态度，可以将培训效果纳入绩效考核范围，从而加强员工对培训活动的重视。

（四）强化管理责任，完善激励措施

员工在酒店服务工作中直接与客户进行接触，如果员工内部核心凝聚力不强，那么员工就不能全身心投入酒店的各项服务工作，员工对企业的文化认同感会比较低，其归属感也相对低。

1. 强化员工管理责任

从最初的人才输入、在职教育、职业潜力的挖掘，到后期的培养，这些都是员工管理的重要组成部分。在招聘端，酒店应重视对于求职者的基本素质、行业经验、营销能力、沟通能力等方面的要求，设计完整的岗位招聘计划、招聘要求，争取从人才的输入端引进高层次的、符合酒店需求的人才。在新员工入职后，酒店应给予新员工充分的关怀。

酒店应转变管理理念，充分重视员工作为人力资本的重要意义。对于员工的管理，酒店不仅应从工作岗位职责上入手，还需要从情感上进行有效的疏导，提升员工的职业责任感。同时，酒店要加强员工的教育培训，通过定期培训和技能竞赛，着力培养优秀员工，组建一支精干、具备高素质和一流业务能力的员工队伍。此外，酒店应加强文化建设，打造酒店品牌的文化环境，通过定期组织活动，增强员工的归属感，提高员工的团队合作意识。

2. 完善员工激励措施

要想完善员工的激励措施，酒店应充分了解员工的需求，满足员工的合理需求，并给予员工更大的需求刺激，例如，可以通过组织各种培训活动，激发员工的个人职业潜能，提升员工的行为影响力、团队合作能力、客户服务水平。针对员工收入

偏低的问题，酒店应通过岗位设置、岗位迁移等，在对员工进行有效培训的基础上，激励员工不断挖掘自我潜能，引导员工树立积极、正向的职业价值观。酒店应建立合理的薪酬机制，灵活处理考评机制，努力提升员工的幸福感。事实上，建立更多的奖励机制有助于酒店将员工流失率控制在合理的范围内。同时，酒店需要建立并完善员工职业生涯规划和晋升机制，高度重视人才的保护，避免人才的流失。总之，酒店应建立完善的人力资源制度，加强对员工的关怀，通过设立员工晋升渠道，助力员工快速成长。

主要术语

1. OTA

OTA：Online Travel Agency（在线旅行社），是旅游电子商务行业的专业术语，指旅游消费者通过网络向旅游服务提供商预订旅游产品或服务，付费形式为网上支付或者线下付费。各旅游主体均可以通过网络进行产品营销或产品销售。

2. 产品创新

在酒店行业中，产品创新至关重要，包括新的房型设计、餐饮服务、设施或活动等。产品创新有助于酒店满足客户需求，并吸引新的客户。

任务小结

酒店可以通过定期评估市场趋势、运用互联网和社交媒体、加强培训及提升酒店服务和管理水平等方式持续改进客户开发策略。使用数据分析和商业智能工具有助于酒店更好地理解客户行为，从而进一步优化客户开发策略。

训练题

一、自测题

1. 酒店产品创新有哪些方式？
2. 酒店应如何运用互联网思维更新客户开发理念？

二、讨论题

1. 酒店应如何运用社交媒体提高知名度？
2. 酒店应如何完善员工激励措施？

三、实践题

某大学城内有一家新开业的五星级酒店，由于大学城内的客源结构较为单一，且市场竞争激烈，该五星级酒店的管理层为如何开拓客源所困扰。

请你围绕该酒店的客户开发，提出可行性方案。

任务三 酒店客户服务的"关键时刻"

一、"关键时刻"理论概述

(一)"关键时刻"与峰终定律

"关键时刻"理论,英文简称"MOT"(Moments of Truth),该理论由北欧航空公司前总裁詹·卡尔森提出。20世纪80年代初,詹·卡尔森进入北欧航空公司担任总裁时,经过研究发现平均每位乘客在接受该航空公司服务的过程中,会与5位服务人员接触,平均每次接触的短短15秒,决定了整个航空公司在乘客心中的印象。詹·卡尔森认为,"关键时刻"就是客户与北欧航空公司职员面对面交流的时刻,换言之,客户与企业的各种资源发生接触的那一刻,决定了企业未来的成败。

峰终定律由诺贝尔经济学奖获得者、心理学家丹尼尔·卡尼曼总结得出。经过研究,丹尼尔·卡尼曼发现人们对一段体验的评价主要由两个因素决定,一个是过程中的最强体验,另一个是结束前的最终体验,其他过程性的体验对人们的记忆影响不大,即一件事情结束后或者在经历了一段消费体验后,人们所能记住的大都是在"峰"与"终"时的感受,而过程中的体验对记忆的影响不大,而这里的"峰"与"终"即"关键时刻"。

"关键时刻"理论被西方学者认为是提高服务质量的有效办法,这一理论主要是在针对营利性企业进行研究后提出的,同样适用于酒店行业。

(二)酒店服务的"关键时刻"

酒店行业的一个基本特征是员工及酒店其他资源在与客户发生服务接触时,员工提供服务与客户消费通常是同步性的,即员工给客户提供服务的时刻,也正是客户获得消费体验的时刻。员工及酒店其他资源与客户之间的这种接触时刻,就是酒店服务的"关键时刻"。因此,酒店在管理中应重视对"关键时刻"的管理,以有效提升服务质量,获得良好的口碑,创造更大的经济效益。酒店应确立符合酒店行业服务规律和特点的"关键时刻",并在所有这些"关键时刻"及时发现并满足客户的需求,并以此为起点,努力探索、预测客户新的需求,力求及时更新和创新服务内容和方法,在满足客户的这些需求的同时,进一步提高他们的满意度。

某家酒店管理公司认真研究了詹·卡尔森的"关键时刻"理论,从客户入住,到客户在酒店逗留期间的活动,再到客户退房,共设计了39个"关键时刻",每个

"关键时刻"的每次接触都是一次服务客户的机会,其中,前厅部有17个服务接触点,包括总机接到电话、客房预订处接到电话、提供信息或为客户订房间、客户到达酒店门前、礼宾员的迎宾和行李服务、客户行走在大厅、客户在总台登记入住、礼宾员引领客户到客房、礼宾员介绍客房设备及饮品、客户接到叫醒(早)服务、客户给前台打电话询问相关信息、客户前往前台询问相关信息、客户请求行李服务、礼宾员帮助客户运送行李、客户结账退房、客户索要账单收据、送别客户。这些接触点就是酒店为客户提供优质服务、客户获得美好体验的"关键时刻"。酒店需精心设计这些接触点的服务,通过员工来实现这些"关键时刻"的服务,制造服务亮点、记忆点,为客户创造美好的服务体验,使客户感到宾至如归。

二、基于"关键时刻"的服务设计

从提升客户体验感的角度,酒店"关键时刻"服务设计可以从以下四个方面展开。

(一)基于用户思维感动客户

用户的需求即酒店的需求。"用户思维",指的是以用户(客户)体验为中心,站在用户的角度来思考问题。只有真正站在客户的角度去思考问题、设计服务,酒店才能实现可持续发展。酒店服务质量的四个"黄金标准"(见图2-1)就是从客户角度出发,对酒店服务的环境卫生、物品、设备、员工服务等方面的质量提出的标准,体现了对酒店视觉形象、产品功能及服务状态的基本要求。

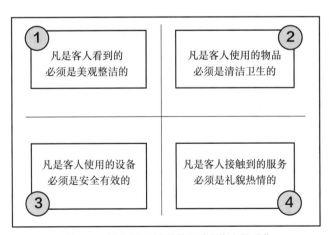

图 2-1 酒店服务质量的四个"黄金标准"

服务设计更多需要站在客户视角,依据客户需求进行设计。例如:在整理客房时,服务员应注意观察客户的使用习惯,根据客户使用习惯摆放寝具及其他客房用品。在提供夜床服务时,服务员应注意闭合遮光帘,打开床头灯并将晚安致意品及电视机遥控器放在床头柜上。清扫在住房时,服务员可以稍加整理客户的文件、报纸、书刊等，但不能弄错位置，更不能翻看；对于客户的贵重物品，如照相机、笔记本电脑、钱包等，服务员不能随意触碰；若发现房内有大量现金或贵重物品，服务员应及时通知领班，由大堂副理在保安及领班的陪同下，将房门反锁，等客户回来后，由大堂副理开启房门，并建议客户将现金或贵重物品放在前厅免费保险箱内或客房私人保险箱内。一些酒店会将对客房内遥控器、杯具、布草等采取的消毒措施、操作记录通过卡片形式放在客房，主动展示给客户，为客户打造一个舒适、放心的住宿环境。

服务要以客户为本，酒店应利用细致化的管理，在让客户感到满意的同时，努力打动客户。例如，某酒店前厅部为感冒的客户提供免费姜茶，并主动为开车到店的客户提供免费擦洗汽车的服务。一些酒店将客户的偏好记录在客史档案中，要求员工用"姓氏＋头衔"的方式热情地与客户打招呼，根据客户的喜好安排客房、推荐餐饮产品，并由酒店的"金钥匙"主动为客户提供旅游咨询服务，为有需要的客户设计专属的旅游路线，以感动客户，赢得客户好评。

酒店管理人员可以在不同岗点开展"关键时刻"服务设计创意竞赛。以前厅部、客房部、餐饮部等前场服务部门为例，酒店应启发员工思考这些内容：①如何问候客户，让客户感到更受欢迎？②如何为客户推荐酒店特色产品？③如何提升酒店的销售额？④如何与客户沟通，使客户感到更加愉悦？⑤如何针对不同的客户提供个性化服务，超越客户的期望？

（二）优化"关键时刻"服务标准

服务标准的制订是保证"关键时刻"服务全面、准确及流畅的前提条件。

1."关键时刻"服务程序标准

服务程序标准，即标准作业程序（Standard Operation Procedure，SOP），是指将某一工作的标准操作步骤和要求以统一的格式描述出来，用来指导和规范酒店日常工作，如入住登记服务程序、结账退房服务程序等，即在服务操作上先做什么、后做什么、要求是什么，都要做到细化和量化。"关键时刻"服务程序标准制订同样需要基于用户思维、研究客户的期望。

2."关键时刻"服务效率标准

"关键时刻"服务效率标准，是指"关键时刻"服务的时效标准，如一些高星级酒店严格要求前厅部员工将办理入住登记和结账退房的时间控制在3分钟之内。服务效率标准是保证客户能得到及时、快捷、有效服务的前提条件，也是服务质量的保证。《旅游酒店星级的划分与评定》（GB/T 14308—2023）要求旅游饭店应采取有效措施，确保客房内的噪声在标准范围内，通常不应超过50分贝，以确保客户的舒适度。为了提高服务效率、提升客户体验感,一些酒店在总台摆放了一个计时3分钟的沙漏,只要超时1秒,承诺全额免房费。

3. "关键时刻"服务状态标准

员工良好的服务状态会令客户心情愉快,有时甚至会降低客户对效率的感知。服务状态标准是关于服务人员言行举止的标准。例如,某酒店集团明星服务(STAR Service)提出的对客服务四大标准,即微笑与问候(Smile & Greet)、交谈与倾听(Talk & Listen)、回答与预计(Answer & Anticipate)和圆满地解决(Resolve)客户问题。将每条标准的第一个英文字母连起来,恰好组成"STAR",即"明星",这四条标准言简意赅地道出了酒店行业服务的精髓。希尔顿经营旅馆业的座右铭是:"你今天对客户微笑了吗?"希尔顿酒店集团通过微笑服务,在对客工作的每个"关键时刻"不断烘托宾至如归的氛围,提升了酒店的品牌价值。

(三)创新"关键时刻"服务接触点

酒店管理者应训练员工有效掌握"关键时刻"服务接触点的程序及其运用诀窍,鼓励员工积极创造新的"关键时刻"服务接触点。例如:南京某酒店推出的"用心服务",创新服务接触点,要求员工善于发现客户需求,主动提供服务,并给客户提供超越满意服务的惊喜服务;精益求精,让客户满意,培养忠诚客户。该酒店要求各部门、各岗点根据"用心服务"行动要求,列出本部门、本岗点的"用心服务"具体项目,并不断进行完善和丰富。该酒店的"用心服务"项目致力于为客户打造满意加惊喜的服务体验,得到了客户的一致好评。

1. 开展感动式服务

酒店应在服务方面进行创新,提供精益求精的卓越服务,以打动客户、留住客户。例如,某酒店大堂副理会在大堂里来回走动,看到门口有私家车停下,就会出来为客户开车门,这一举动能够最大限度地满足客户受尊重的心理需求,让客户感受到酒店服务的温度。又如,绝大多数客户在晚上休息时,喜欢将客房的遮光窗帘拉好,这样才会睡得香甜;然而有的客户却因一天的工作劳累,常常一觉到天明,为了不影响第二天的繁忙工作,他们希望夜床服务人员能将遮光窗帘中间留出一条透光的缝,如果酒店客房部服务员能够做到细心地发现、分析、判断,就能为客户提供令客户满意的夜床服务。再如,某酒店客房服务员早上清扫房间时发现,客户将开夜床时已铺好的被子双层叠盖在身上,再看空调显示23℃。该服务员猜测客户可能觉得房间冷,便立即主动加一条被子给客户,并交代中班服务人员,让其在夜床服务时将客房空调温度调到26℃左右,该酒店服务人员细致入微的服务得到了客户的好评。

2. 重视服务仪式

仪式感是人们表达内心情感最直接的方式，可以让一件平凡的小事变得庄重且颇具色彩。酒店管理人员应充分重视仪式感的设计，如当重要客户抵达酒店时，可以专门安排隆重的欢迎仪式，以表示对客户的重视。酒店常见的欢迎仪式包括：管理人员在大堂列队热情欢迎，服务人员根据季节特点给客户送上合适的欢迎茶饮和欢迎毛巾，特别隆重时还可以为客户送上鲜花。桂林香格里拉大酒店对传统的酒店欢迎仪式进行了改进和创新，安排员工穿上少数民族服装，在大堂用竹竿舞的形式欢迎远道而来的客户，员工不仅自己跳舞，还会与客户进行互动。这种创新的欢迎仪式将民族文化融入酒店服务，既与众不同，又符合当地的文化特征，得到了客户的好评，不少客户积极参与其中，充分感受到了酒店的热情与友好。

3. 创新个性化服务项目

酒店个性化服务是指在标准化、规范化服务基础上的针对性服务，按客户的不同个性需求提供服务。个性化服务是有针对性的优质服务。例如，大部分高星级酒店客房会提供羽绒枕头与被子，但考虑到一些客户可能会对羽绒过敏，酒店便在客房枕头上放一张提示卡，上面写道："本酒店提供羽绒被芯和枕芯，如果您对羽绒制品敏感，请拨打客服中心电话号码，我们将会为您更换其他材质的被芯和枕芯。"如此周到体贴的个性化服务，创造了超值的"关键时刻"。一些酒店贴心地为住客准备了满足不同睡眠需求的枕芯菜单，在填充物和功能性上有着更多的变化，如助眠薰衣草枕、护颈荞麦枕、护颈决明子枕、明目降压蚕砂枕、花椒籽养生枕等，客房内提供的枕头菜单可满足客户对枕头的不同需求。一些高星级酒店会针对VIP客户，在枕套上绣上客户名字的缩写，让客户拥有宾至如归的难忘体验。酒店应立足于客户，创新"关键时刻"服务，从而更好地满足客户的个性化需求。

（四）巧用峰终定律，提升客户体验感

在各行各业的服务场景中，峰终定律的使用较为普遍。例如，旅行社在安排旅游行程时，一般会提供一两个比较好玩的项目搭配一些普通的项目。好玩的项目主要用来提高游客的峰值体验。例如，去黄山看日出、去玄武湖划船等都是好的选择。通常在旅游结束前的那一餐吃得也最好，其目的就是提升旅行的终值体验。抓住这两点，游客一般会对这次行程有比较好的评价。又如，宜家提供的峰值体验是免费试用其产品，如沙发、床、桌子等。其设置了一个个独立小空间，给客户很强烈的代入感。宜家提供的终值体验就是出口处1元的冰激凌等小吃。这样，就算客户什么也没买，也会开开心心地回家了。这体现的就是商家利用峰终定律，提高客户的满意度。酒店产品和服务的设计随着技术的进步而有所变化，但其核心未曾改变，即发挥"高峰时刻"及"终点时刻"体验的强大能量，用心设计服务环节，提高客户的满意度，给客户留下美好回忆。

1. 给客户留下最佳的第一印象

第一印象在心理学上又称为"首应效应"。目前，越来越多的酒店致力于给客户留下最佳的第一印象。酒店的目标是：在客户到达酒店后的15分钟内吸引他们的注意力，至少避免让他们感到厌烦。一些酒店会加强对前台员工的培训，这些员工在客户办理入住手续时会与他们闲谈，借此收集客户的信息。员工会在客户入住期间通过获得的信息来赢得他们的赞赏。假如客户提到他们感冒了，员工会为他们提供免费的热茶。此外，一些酒店会对走廊通道（甚至是车道）进行美化，以达到美观的效果，使客户更容易找到这些位置。很多酒店还专门为小孩和宠物准备了不少"见面礼"。某酒店聘请了一个肢体语言专家来培训员工，让他们学习如何察言观色，从而判断旅行者的心情，以找到一个最合适的问候方式。

针对家庭旅游客户，一些酒店为儿童准备了"见面礼"，如为儿童客户提供曲奇饼干、儿童浴袍、牙具和拖鞋等。曲奇饼干是希尔顿逸林酒店的一张名片，客户入住希尔顿逸林酒店时，员工会亲手为客户送上一块香甜可口的热巧克力香脆曲奇，给旅途中的客户带去味蕾的享受，让客户产生愉快的第一印象。某酒店总经理表示："如果酒店在客户刚入住时就让他们感到不满，那酒店想重新争取这些客户是很困难的。他们可能从登记入住时起就已经觉得这家酒店不好了。"社交媒体的普及使得客户对酒店的第一印象变得尤为重要。以往，客户通常会等到离开酒店后才在网站上发表评论，但现在，客户几乎是实时地通过发布微博和更新微信朋友圈来谈论他们的假期体验，如果酒店给某位客户留下了不好的第一印象，那么成百上千名社交媒体网站用户都会立即了解到该客户的不满。

2. 给客户留下良好的最后印象[①]

根据峰终定律，客户如果在一段体验的高潮和结尾是愉悦的，那么其对整个体验的感受就是愉悦的。酒店在客户关系管理服务设计中，应给客户留下良好的最后印象。因此，很多酒店为了给每一位客户留下宾至如归的难忘体验，会非常注重细节管理。在客户入住和结账退房期间，前台员工会主动询问客户的入住体验，以及客户对酒店设施设备和服务水平的满意度，并及时解决问题。对于客户反馈的问题或建议，酒店会及时跟进和改进，以提高酒店的服务质量，维护酒店良好的口碑，培养一批忠诚客户。例如，亚朵酒店把从客户第一次入住到客户再次入住的整个过程分为12次端口，也就是亚朵服务的12个节点（"关键时刻"）。该酒店的服务都是基于这12个节点进行细化与优化的，将峰终定律完美融入其中，进行体验设计：当客户到达亚朵酒店，前台员工会先为其奉上一杯茶；员工会在3分钟内为客户办理

---

① 摘自：《体验商学案例：亚朵，持续打造"中国体验"树立高端酒店新标杆》，https://www.163.com/dy/article/J7FMPI2405568L7R.html。

好入住手续；酒店还会为客户提供免费客房升级服务。进入客房后，客房内优质、舒适的床品、阿芙精油、棉质拖鞋等，都能给客户带来惊喜。该酒店的终值体验便是在退房的时候，员工会为客户送上一瓶矿泉水（若是冬天，则会送上温热的矿泉水），酒店将这瓶矿泉水称为"别友甘泉"，旨在通过此项服务让客户感受到酒店的温暖，给客户留下美好的最后印象。

主要术语

1. "关键时刻"理论

"关键时刻"理论，英文简称"MOT"（Moments of Truth），该理论由北欧航空公司前总裁詹·卡尔森提出。20世纪80年代初，詹·卡尔森进入北欧航空公司担任总裁时，经过研究发现平均每位乘客在接受该航空公司服务的过程中，会与5位服务人员接触，平均每次接触的短短15秒，决定了整个航空公司在乘客心中的印象。詹·卡尔森认为，"关键时刻"就是客户与北欧航空公司职员面对面交流的时刻，换言之，客户与企业的各种资源发生接触的那一刻，决定了企业未来的成败。

2. 峰终定律

峰终定律由诺贝尔经济学奖获得者、心理学家丹尼尔·卡尼曼总结得出。经过研究，丹尼尔·卡尼曼发现人们对一段体验的评价主要由两个因素决定，一个是过程中的最强体验，另一个是结束前的最终体验，其他过程性的体验对人们的记忆影响不大，即一件事情结束后或者在经历了一段消费体验后，人们所能记住的大都是在"峰"与"终"时的感受，而过程中的体验对记忆的影响不大，而这里的"峰"与"终"即"关键时刻"。

任务小结

酒店应基于"关键时刻"理论进行服务设计，优化"关键时刻"服务标准和服务状态，巧用峰终定律，提升客户体验。

训练题

一、自测题

1. 请简述"关键时刻"理论的内容。
2. 请简述峰终定律的内容。

二、讨论题

1. 酒店应如何运用峰终定律提升客户体验？
2. 酒店应如何创新"关键时刻"服务接触点？

三、实践题

请以小组为单位,基于"关键时刻"理论,调研当地1—2家五星级酒店从客户入住到退房的整个接待环节中的服务标准,以及"关键时刻"服务接触点的创新之处。

项目三
酒店智能化客户信息管理

项目概述

酒店智能化客户信息管理是酒店行业实现现代化、提高服务质量与效率的重要手段。智能化客户信息管理系统的应用,不仅有助于酒店更精准地了解客户需求、提供个性化服务,还能优化酒店运营流程、降低成本、提高客户满意度。学习智能化客户信息管理系统的核心功能,对于提高酒店服务质量、优化运营流程以及增强市场竞争力具有重要意义。

项目目标

知识目标

(1) 了解酒店客户关系管理系统的内容。
(2) 理解客户信息智能化渠道数据的整合与存储。
(3) 对客户画像形成正确认知,熟知其构建原理。
(4) 了解大客户的级别划分标准。

能力目标

(1) 能有效运用客户关系管理系统处理客户信息。
(2) 能对企业客户信息进行归类和整理。
(3) 能制定大客户个性化服务方案。

素养目标

(1) 增强爱岗敬业的意识和职业自豪感。
(2) 培养严谨求实的科学态度,提高分析问题、解决问题的能力。

知识导图

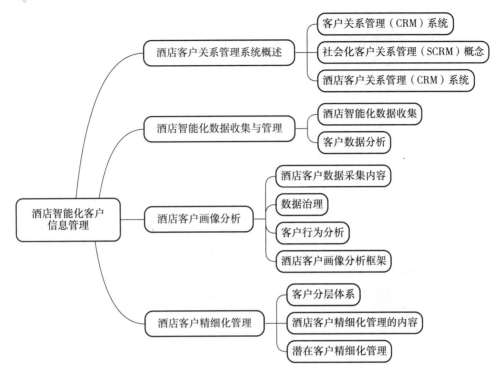

重点难点

重点：
掌握酒店客户关系管理系统的核心功能，了解客户数据收集的内容，明确酒店客户画像分析的维度。

难点：
针对不同类型的客户，制定客户所需方案。

案例导入

某酒店坐落于一个繁华的旅游城市，客源丰富，但竞争也异常激烈。为了提高客户满意度和忠诚度，该酒店决定引入先进的客户关系管理系统（CRM），以优化客户体验，增强客户黏性，从而在激烈的市场竞争中脱颖而出。该酒店采取了以下客户关系管理系统实施策略。

一、数据收集与分析

该酒店通过CRM系统全面收集客户的预订信息、消费记录、评价反馈等方面的数据，并利用大数据技术对收集到的数据进行分析，深入挖掘客户的消费习惯、偏好和需求。相关分析结果有助于酒店更精准地把握市场动态，能为酒店制定个性化的营销策略提供有力支持。

二、个性化服务

该酒店基于客户数据分析，为客户提供个性化的服务。例如，该酒店根据客户对客房类型、餐饮服务等方面的偏好，为其推荐合适的房型和菜品。在客户入住期间，该酒店的工作人员会根据客户的特殊需求，如饮食禁忌、房间布置要求等，提供定制化的服务。该酒店还会定期向客户发送个性化的优惠信息和活动邀请，增强客户的归属感，增加客户的忠诚度。

三、多渠道互动与沟通

该酒店通过CRM系统整合了多种沟通渠道，如电话、邮件、短信、社交媒体等，保持与客户的密切互动。该酒店建立了专门的客户服务团队，负责及时回应客户的咨询和投诉，并跟进处理结果，确保客户满意。该酒店还利用社交媒体平台与客户积极互动，分享酒店动态、旅游资讯等，以加强与客户的联系。

四、客户忠诚计划

该酒店推出了会员制度，为会员提供积分兑换、会员专属优惠等福利。该酒店通过CRM系统对会员的消费行为进行跟踪和分析，为会员提供更加个性化的服务和优惠。该酒店还会定期举办会员活动，如会员专属派对、主题活动等，增强会员的归属感和，增加会员的忠诚度。

通过CRM系统的实施，该酒店能够更精准地把握客户需求，为客户提供个性化的服务，客户满意度显著提高。客户对该酒店的评价更加积极正面，口碑传播效应增强。会员制度的推出和个性化服务的实施，使得客户对该酒店的忠诚度大幅提高。会员的回头率显著提高，为该酒店带来了稳定的客源和收入。CRM系统的自动化处理功能，使得该酒店员工的工作效率大幅提高。通过数据分析，该酒店能够更精准地制定营销策略、组织促销活动、提高销售效率和业绩。

该酒店通过引入CRM系统，成功提高了客户满意度和忠诚度，增强了市场竞争力。CRM系统的实施不仅优化了客户体验，还提高了该酒店的业务效率，为该酒店的持续发展奠定了坚实基础。这一案例充分展示了CRM系统在酒店行业中的重要作用和价值。

任务一 酒店客户关系管理系统概述

1999年，Gartner Group公司提出了客户关系管理（CRM）概念。Gartner Group

公司在早期提出的 ERP（企业资源规划）概念中，强调对供应链进行整体管理。客户是供应链中的一环，而 ERP 系统并没有很好地实现对客户端的管理，随着互联网应用越来越普及，CTI（计算机电话集成）、客户信息处理技术（如数据仓库、商业智能、知识发现等技术）得到了长足发展，结合新经济的需求和新技术的发展，Gartner Group 公司提出了 CRM 概念。

一、客户关系管理（CRM）系统

（一）CRM 系统分类

Gartner Group 公司把 CRM 系统按系统功能分成三类，这一分类方式已得到业界的普遍认可。

1. 运营型 CRM 系统

运营型 CRM 系统又称"操作型 CRM 系统"，主要包括客户服务、订购管理、销售自动化（SFA）、办公自动化（OA）管理等。运营型 CRM 系统可以帮助运营商实现经营、销售、服务等业务环节的流程自动化，达到利用信息技术来提高运营商的运作效率、降低运作成本的目的。通过实施运营型 CRM 系统，运营商最终将建立起一套以客户为中心的运作流程及管理制度，同时也有助于培养员工的服务意识，销售部门、服务部门、营销部门的业绩将明显提升。在现代网络营销市场中，运营型 CRM 系统成为大部分企业的首选。

2. 分析型 CRM 系统

分析型 CRM 系统可对客户数据进行捕捉、存储、提取、处理、解释，并产生相应报告，它使用了数据挖掘技术。因为客户信息的绝对容量增加及其与客户的相互作用日益复杂，数据挖掘迎合了该趋势，它能促使客户关系更有意义。分析型 CRM 系统通过数据分析和数据建模技术来发现数据之间的趋势和关系，酒店既可以利用该系统了解客户希望获得什么，还可以利用该系统预测客户将要做什么，以便选择恰当的客户并将注意力集中在他们身上，为他们提供合适的附加产品等。分析型 CRM 系统可以提高酒店以最好的方式响应个性化需求的能力，并且可以通过恰当的资源分配来降低酒店的成本，因此酒店可以利用该系统增加收入，如网络营销的电子商务网站对购物车的分析，就是应用了分析型 CRM 系统的数据挖掘功能。

从某种意义上说，分析型 CRM 系统的特点包括：将企业原有的客户信息管理系统提升到客户知识管理系统的高度。通过建立数据仓库，运用数据挖掘、商业智能等技术手段，对大量的客户信息进行分析，运营商可以更好地了解客户的消费模式，并对客户进行分类（如根据客户的当前贡献与潜在贡献，寻找对网络运营商最为重要的大客户等），从而依据客户的实际需求，制定相应的营销战略，开发出相应的产品或服务，更好地满足客户需求。这也是我们经常谈到的"大规模定制"及"一对一营销"模式的核心思想。

3. 协作型CRM系统

协作型CRM系统又称"互动型CRM系统"。目前各个运营商与客户的接触渠道日益多样化，除了传统的营业窗口、面对面的现场服务，E-mail、传真、呼叫中心、互联网等沟通渠道同样成为运营商与客户之间交互的重要途径。如何整合客户与运营商的各种接触渠道呢？通过统一的标准化接口与后台的支撑系统、业务网中的业务平台（如音信互动的业务平台）和业务管理平台以及其他的外部系统实现互联，客户的同一个服务请求可以在各个相关系统平台上得到统一的展示，构建"多渠道接入，全业务服务"的统一的客户接触门户是协作型CRM系统所要完成的任务。

在企业应用中，越是高端应用，行业差异越大，客户对行业化的要求也越高，因而有一些专门的行业解决方案，如银行、电信、大型零售等的CRM应用解决方案。而对于中低端应用，一般采用基于不同应用模型的标准产品来满足不同客户群体的需求。根据企业类型的不同，可以将CRM系统分为以下三类：以全球企业或者大型企业为目标客户的企业级CRM系统；以200人以上、跨地区经营的企业为目标客户的中端CRM系统；以200人以下的企业为目标客户的中小型企业CRM系统。

在CRM系统应用方面，大型企业与中小型企业相比，有很大的区别。首先，大型企业在业务方面有明确的分工，各业务系统有自己跨地区的垂直机构，形成了纵横交错的庞大而复杂的组织体系，要想在不同业务、不同部门、不同地区间实现信息的交流与共享是极其困难的。同时，大型企业的业务规模远大于中小型企业，因此其信息量巨大。其次，大型企业在业务运作上很强调严格的流程管理；而中小型企业在组织架构方面要简洁很多，业务分工不一定明确，运作上更具有弹性。因此，大型企业所用的CRM系统要比中小型企业的CRM系统复杂、庞大得多。一直以来，国内许多介绍CRM系统的报道和资料往往是以大型企业的CRM应用解决方案为依据。这就导致一种错觉：CRM系统似乎都很复杂、庞大。其实，价值几万元的面向中小型企业的CRM系统也不少，其中不乏简洁的、易于操作的。

不过，有关公司规模方面的要求现在越来越随意，因为越来越多的CRM系统供应商是依据不同情况来提供不同产品的。主要的CRM系统提供商一直以企业级客户为目标，并逐渐向中型市场转移，因为后者的成长潜力更大。以企业级客户为目标的公司包括Siebel、Oracle等。另外一些公司，如Onyx、Pivotal、用友网络等则与中型市场相联系，并试图夺取部分企业级市场。MyCRM、Goldmine、Multiactive Software、Yuanhi CRM和SalesLogix等公司瞄准的是中小型企业，它们提供的综合软件包虽不具有大型软件包的深度功能，但功能实用，安装及操作简单。

由此，我们可以按照管理对象的不同，将CRM系统分为面向企业客户的To B

型CRM系统和面向个人客户的To C型CRM系统。To B型CRM系统主要关注企业组织级别的客户关系管理，而To C型CRM系统则更侧重于个人用户的关系管理。

（二）客户关系管理（CRM）功能

客户关系管理的核心功能在于通过严谨、理性的管理方式，全面把握客户信息、精准满足客户需求、优化客户体验，从而建立并维护长期稳定的客户关系，为企业创造持续的价值，主要体现在以下几个方面。

首先，客户信息管理是客户关系管理的基石。它涉及对客户信息的系统性收集、安全存储、精准跟踪以及深度分析，这些信息涵盖了企业的基本资料以及个人的详细背景信息。客户信息管理是指通过科学的数据处理方法，为企业提供全面且准确的客户信息视图，以支持企业的决策制定和业务操作。

其次，客户需求管理是客户关系管理的关键环节。它要求企业不仅要关注客户明确提出的显性需求，还要深入挖掘客户的隐性需求，并敏锐察觉客户的无形需求。通过精准的需求分析，企业能够为客户提供更加贴合其期望的产品和服务，进而提高客户的满意度和忠诚度。

此外，客户关系管理还涉及建立并维护与客户的长期稳定的合作关系。这要求企业在满足客户需求的基础上，通过技术和管理手段不断提高客户关系的质量，包括运用CRM系统优化客户体验、提升客户服务水平，以及依据客户关系评估结果制定针对性的关系维护策略。

同时，客户关系管理还包括销售自动化、营销自动化以及客户服务管理等功能的实现。销售自动化能够提升销售团队的工作效率，优化销售流程；营销自动化有助于企业精准定位目标客户，制定有效的营销策略；客户服务管理则强调提供高质量、高效率的客户服务，以增强客户对企业的信任和认可。

最后，建立客户数据库并进行BI数据分析是客户关系管理的重要支撑。客户数据库的建立实现了客户信息的集中存储和共享，提高了信息利用效率；而BI数据分析则能够帮助企业深入洞察客户需求和行为模式，为企业的战略决策提供有力支持。客户关系管理模块及其功能具体见表3-1。

表3-1　客户关系管理模块及其功能

模块	功能
客户管理	客户信息管理、客户分类、客户跟踪、客户反馈管理
销售管理	销售计划、销售目标、销售进度、销售分析
营销管理	营销活动策划、营销活动执行、营销效果评估
服务管理	服务请求处理、服务记录、服务满意度调查
数据分析	客户数据分析、销售数据分析、营销数据分析、服务数据分析

(三)客户关系管理(CRM)系统发展趋势

面对日益复杂的市场环境和多变的客户需求,CRM系统主要呈现出以下发展趋势。

1. 基于数据的精准个性化服务

随着大数据技术的深入应用,CRM系统正逐步实现更为精准的客户洞察。通过对海量客户数据的挖掘与分析,企业能够更全面地了解客户需求,提供个性化的产品与服务,进而提高客户满意度和忠诚度。

2. 人工智能(AI)与机器学习(ML)的深度融合

AI和ML技术的不断成熟,正推动CRM系统向智能化方向发展。这些技术的应用有助于企业实现客户服务自动化、智能预测与决策优化等功能,显著提升企业的业务处理效率,为企业创造更多价值。

3. 多渠道整合与统一客户体验

现代CRM系统正致力于实现多渠道服务的无缝整合,包括线上、线下的多个触点。这种整合有助于企业为客户提供一致且连贯的服务体验,并通过多渠道交互增强与客户的沟通与互动。

4. 云计算与移动化的广泛应用

云计算技术的快速发展为CRM系统的部署提供了更灵活、可扩展的解决方案。同时,移动CRM应用的普及使得企业能够随时随地响应客户需求,提高业务响应速度。

5. 社交CRM日益重要

社交媒体的蓬勃发展使得客户的声音更易被传播,因此,CRM系统开始更加关注社交媒体渠道。企业可以利用社交CRM监测和分析客户在社交媒体上的行为,更好地了解客户需求并做到及时响应。

6. 数据安全与隐私保护的严格要求

在数据泄露和隐私侵犯事件频发的背景下,CRM系统在数据安全和隐私保护方面的要求愈发严格。企业必须确保客户数据的安全存储和传输,并严格遵守相关法律法规,保障客户信息安全。

7. 智能分析与业务决策优化

CRM系统功能日益完善,智能分析正成为其核心功能之一。利用先进的数据分析工具和算法,CRM系统能够为企业提供深入的业务洞察,帮助企业识别市场趋势、预测客户需求、评估销售绩效等。这些智能分析的结果不仅有助于企业制定更精准的市场策略,还能优化业务决策流程,提升整体运营效率。

8. CRM 系统的全面数字化

在数字化转型的大背景下，CRM 系统正逐步实现全面数字化。这包括客户数据的数字化管理、业务流程的数字化改造、客户服务的数字化升级等。全面数字化有助于企业更高效地处理客户信息、优化业务流程、提高客户服务质量，进而提升企业的竞争力和市场份额。

9. 跨行业、跨领域的融合创新

随着技术的不断进步和市场的不断变化，CRM 系统也开始呈现出跨行业、跨领域的融合创新趋势。不同行业、不同领域的企业开始探索如何将 CRM 系统与其他先进技术或业务模式相结合，以创造出更具创新性和竞争力的解决方案。这种融合创新将有助于推动企业间的合作与共赢，进而推动整个行业的发展与进步。

10. 用户体验的持续优化与迭代

在竞争激烈的市场环境中，用户体验已成为企业赢得客户信任和忠诚度的关键因素之一。因此，CRM 系统需要不断优化和提升用户体验，包括界面设计、操作便捷性、功能完善性等方面。同时，随着市场和客户需求的变化，CRM 系统也需要不断进行迭代更新，以适应新的市场环境和业务需求。

综上所述，CRM 系统将继续朝着智能化、数字化、融合创新及用户体验优化等方向发展。这些发展趋势将为企业带来更高效、更精准的客户服务，推动企业实现可持续发展和业务增长。

知识链接

1. Siebel Oracle CRM 系统

Siebel Oracle CRM 系统是一款整合了 Siebel 的 CRM 专长和 Oracle 的技术实力的 CRM 系统。该系统提供全方位的客户管理功能，包括潜在客户管理、销售机会跟踪以及售后服务等。该系统可与其他 Oracle 应用集成，实现数据共享和业务自动化。它具备高度的灵活性和可定制性，可根据企业需求进行配置。此外，它还具备智能分析和预测功能，帮助企业挖掘客户数据，发现市场趋势。该系统界面友好，操作简便，能够提高用户工作效率。

2. Onyx CRM 系统

Onyx CRM 系统是一款旨在帮助企业优化客户管理和销售流程的 CRM 系统。该系统可以整合客户信息、销售数据，提供客户信息管理、销售自动化、市场营销、服务与支持等功能。通过 Onyx CRM 系统，企业可以全面掌握客户需求，提高销售效率和业绩，制定精准的营销策略，并提供优质的客户服务。该系统适用于各种规模的企业，能够助力企业实现业务增长和可持续发展。

3.Pivotal CRM 系统

Pivotal CRM 系统是一款强大的 CRM 系统，能够帮助企业有效管理客户关系，提升销售业绩和满意度。该系统集成了客户信息管理、销售流程自动化、市场营销活动管理等功能，能够为企业提供全面的解决方案。Pivotal CRM 系统具有灵活性和可定制性，可根据企业需求进行个性化配置。利用该系统，企业可实现高效的客户关系管理，提升业绩和客户满意度，降低成本，提高运营效率。该系统适合各种规模的企业使用，能够助力企业实现数字化转型，提升企业的竞争力。

4.用友 iCRM 系统

用友 iCRM 系统是基于 Java 技术的 BS 架构，适用于大中小型工商企业。该系统包括基础管理、客户管理、市场管理、销售管理、服务管理、客户自助、系统管理七大模块，通过电子商务手段，实现客户价值最大化。用友 iCRM 系统具有强大的分析能力，包括 EIS、DSS 和 EVA，是国内拥有较强分析能力的 CRM 软件之一。企业可利用用友 iCRM 系统建立集中数据平台，实现数据的统一管理、共享、上报/下达，避免客户资料的重复录入和跟单，提高工作效率，改进客户体验。

5.MyCRM 系统

MyCRM 系统是北京立友信科技开发的 CRM 系统，专注于 CRM 产品研发，能够提供完整 CRM 应用方案和咨询服务。该系统适用于中型和大型企业，包含市场、销售、服务应用，分为系统功能、基础功能、标准业务和特定业务四个层次，涵盖权限管理、业务流程、信息规则、客户管理、服务管理、数据库营销、销售项目管理等功能。该系统虽然性价比高，但操作界面不够灵活，基本功能需进行二次开发。

6.Goldmine CRM 系统

Goldmine CRM 系统是一款用于管理客户信息、销售机会和市场营销活动的 CRM 系统。该系统可以集中存储客户数据，实现自动化销售流程，提升企业的工作效率。该系统的主要功能包括客户信息管理、销售机会跟踪、市场营销自动化和团队协作沟通。该系统适用于各类企业，能够帮助企业优化客户关系，实现业务增长。

7.Multiactive CRM 系统

Multiactive CRM 系统是一款能整合多渠道客户数据，提供全面客户视图,支持数据分析和可视化的CRM系统。该系统的主要功能包括客户信息存储、销售流程自动化、客户服务支持、营销自动化和报告分析。该系统的优势在于高度定制化、易用性、高安全性和良好的集成性。该系统能帮助企业有效管理客户、优化销售流程,从而提高客户的满意度和企业的市场竞争力。

8. Yuanhi CRM系统

Yuanhi CRM系统是一款用于建立和维护良好的客户关系的CRM系统,涵盖了客户信息处理、销售服务、沟通管理等功能,能够助力企业提升业绩。该系统的核心在于通过深入分析客户信息,提供个性化服务,加强互动。该系统的优势在于其完善的客户数据管理和销售管理功能,能够帮助企业了解客户需求,优化销售流程,提高服务质量。该系统适用于各类企业,尤其是注重客户关系管理、追求业绩提升的企业。

9. SalesLogix CRM系统

SalesLogix CRM系统是一个全面的CRM系统,适用于各种规模的企业。该系统主要提供销售支持、市场支持、客户支持及电子商务组件,帮助企业优化销售流程、改善客户关系。该系统特有的Pipeline功能可以为管理者提供销售数据分析,辅助市场部门追踪市场动态。该系统以改善客户关系为核心,通过自动化和改进商业流程,提高企业的销售业绩和用户满意度。该系统具有高效、灵活和成本效益高等特点,能够帮助企业优化管理策略,获得商业成功。

二、社会化客户关系管理(SCRM)概念

随着计算机技术、移动终端技术等的发展,社交媒体成为人们生活和工作中的主要沟通渠道和消费渠道,企业客户关系管理的模式也因此发生了改变,产生了新型的客户连接关系——社会化客户关系。中国在移动社交平台方面的规模、用户黏性、功能深度等,已经超过了美国、日本、韩国等移动互联网强国。

SCRM,全称为Social Customer Relationship Management,即社会化客户关系管理,它是一种将客户关系管理与社交媒体、社交网络等在线渠道结合起来的策略和方法,旨在更好地理解和满足客户的需求。SCRM的核心在于通过社交媒体平台与客户进行互动,收集和分析客户数据,以便更精准地了解客户的喜好、需求和行为模式。同时,SCRM也强调与客户建立长期、稳定的关系,通过提供个性化的服务和体验,提高客户对企业的信任度和忠诚度。

与传统的CRM相比,SCRM具有以下优势。①更广泛的客户关系触点:SCRM

通过社交媒体等在线渠道，覆盖范围更广泛的潜在客户群体，提高品牌曝光度和知名度。②更深入的客户洞察：SCRM通过收集和分析客户在社交媒体上的行为数据，更深入地了解客户的喜好和需求，为企业提供更精准的营销策略。③更高效的客户互动：SCRM支持在线实时互动，能够迅速响应客户的问题和反馈，提升客户的满意度和体验感。

在实际应用中，SCRM系统可以用于以下几个方面。①客户服务：通过SCRM系统，企业可以实时监控客户的咨询和投诉情况，并快速响应和处理，提高客户服务质量。②营销推广：SCRM系统可以根据客户的兴趣和需求，制定个性化的营销方案，通过社交媒体等渠道进行精准推送，提升营销效果。③品牌建设：SCRM系统通过与客户进行积极互动，传递企业的品牌理念和价值观，提升企业的品牌形象和认知度。

总的来说，SCRM是传统CRM的升级版，更侧重于客户交互层面的互动且不能脱离社交媒体平台；传统CRM则更重视对于业务运营层的管理，是自成体系的业务系统。因此，二者在触点、对象、连接方式、培育方法、转化方法、留存方法及用户形式上有着显著差异。SCRM能够帮助企业更好地理解和满足客户的需求，通过提高客户的满意度和忠诚度，为企业创造更大的价值。

（一）社会化客户关系管理(SCRM)功能

CRM社交媒体平台为企业提供了一个强大的工具，能够帮助企业充分利用社交媒体资源，优化客户关系管理，提升品牌影响力，并实现业务增长。在实际应用中，SCRM可以帮助企业更好地管理和维护客户关系，提高客户满意度和忠诚度，同时降低营销成本，提升营销效果。例如，企业可以利用SCRM进行精准化营销，根据客户的兴趣和需求制定个性化的营销策略。企业还可以通过SCRM进行客户反馈收集和处理，及时改进产品和服务，提高客户满意度。SCRM的功能主要包括以下几个方面。

1. 社交媒体监测与分析

SCRM能够监测和分析社交媒体上的用户行为和言论，帮助企业了解用户对产品或服务的反馈和需求，从而制定更为精准的营销策略。

2. 客户互动与沟通

企业可以利用SCRM，与客户积极互动和沟通，提供客户支持和解决问题，从而提高客户满意度和忠诚度。例如，通过私信、回复评论、发起话题讨论等方式，企业可以积极回应客户的问题和反馈，提高客户的信任感和忠诚度。

3. 客户数据整合

SCRM可以将不同渠道的客户数据整合到一个平台上，使企业员工能够更全面地了解客户信息，提高客户管理效率。例如，SCRM可以将社交媒体数据与其他客户数据（如购买记录、客户信息等）进行整合，从而为企业提供全面的客户视图。这有助于企业更全面地了解客户，制定个性化的营销策略。

4. 营销自动化

SCRM能够根据客户的行为和反馈，自动执行个性化的营销活动，如推送定制化的消息、优惠信息等，提升营销效果。

5. 实时报告与分析

SCRM可以提供实时报告和分析功能，帮助企业了解客户满意度、忠诚度以及营销活动的效果，为企业决策提供支持。

（二）CRM系统与SCRM系统的功能区别

CRM系统与SCRM系统的功能区别主要体现在客户信息管理、销售及市场营销管理、客户服务管理、数据整合与分析、安全性与合规性五大方面，具体如表3-2所示。

表3-2 CRM系统与SCRM系统的功能区别

功能	CRM系统	SCRM系统
客户信息管理	(1)集中、系统地存储与管理客户信息，涵盖联系方式、交易历史及偏好等核心数据。 (2)配备先进的数据分析工具，助力企业精准识别潜在及关键客户，优化资源配置。 (3)支持跨部门协同作业，确保客户信息的统一性与准确性，为决策提供有力支撑	(1)在CRM系统的基础上，进一步拓展社交媒体平台的数据收集渠道，丰富客户信息维度。 (2)依托社交数据分析技术，深入洞察客户行为及需求趋势，为个性化营销策略的制定提供科学依据。 (3)实时更新客户信息，确保数据的时效性与准确性，提升客户关系管理的精细化水平
销售及市场营销管理	(1)实现销售流程的自动化管理，包括线索筛选、销售预测及订单处理等环节。 (2)提供市场营销自动化工具，支持邮件、短信等多渠道的营销活动的开展。 (3)对销售及市场活动效果进行量化分析，为企业战略决策提供数据支持	(1)充分利用社交媒体平台的传播优势，开展产品推广及品牌建设活动，提升品牌影响力。 (2)通过策划社交媒体营销活动，吸引潜在客户关注并将其转化为实际购买力。 (3)实时监测并分析社交媒体上的用户反馈，及时调整销售策略，优化市场布局

续表

功能	CRM系统	SCRM系统
客户服务管理	(1)设立客户服务热线、在线客服等多元化服务渠道,及时响应并解决客户问题与投诉。 (2)详细记录客户服务历史,为改进服务质量提供宝贵依据。 (3)通过客户满意度调查,深入了解客户需求与期望,提升客户体验	(1)在社交媒体平台上提供在线实时客户服务,确保客户问题得到快速响应与解决。 (2)运用社交媒体监测技术,主动发现并解决潜在问题,提高客户满意度及忠诚度。 (3)通过社交媒体与客户建立长期互动关系,增强客户黏性,促进口碑传播
数据整合与分析	(1)具备强大的数据整合能力,能够将分散在各个部门、各个渠道的客户信息整合在一起,形成完整的客户视图。 (2)能够提供丰富的数据分析工具,通过数据挖掘、统计分析等手段,深入剖析客户需求和行为特征,为企业决策提供有力支持。 (3)支持数据可视化展示,能够帮助决策者直观了解客户数据背后的趋势和规律,提升决策者的决策效率	(1)在数据整合方面,除了继承CRM系统的优势,还注重从社交媒体等多元化渠道收集数据,实现更全面的客户洞察。 (2)利用先进的社交数据分析技术,对社交媒体上的用户行为、话题讨论等进行深入挖掘,揭示客户需求和市场趋势。 (3)结合大数据和人工智能技术,对海量客户数据进行实时分析和预测,为企业制定精准的市场营销策略提供数据支撑
安全性与合规性	(1)高度重视客户信息的安全性,采用多种加密技术和安全防护措施,确保客户信息不被泄露或滥用。 (2)严格遵守相关法律法规,对客户信息进行合规处理,避免触犯法律"红线"。 (3)提供完善的权限管理功能,确保不同级别的用户只能访问其权限范围内的客户信息,最大限度降低信息泄露风险	(1)在保障客户信息安全性方面,同样采取了一系列严格的安全措施和技术手段,确保客户数据的安全可靠。 (2)针对社交媒体平台的特殊性质,加强了对社交数据的合规性管理,确保企业在使用这些数据时符合相关法律法规的要求。 (3)通过与专业的数据服务提供商合作,引入先进的数据加密和脱敏技术,进一步提升客户数据的安全性

三、酒店客户关系管理(CRM)系统

酒店CRM软件是一种专门用于酒店行业的客户关系管理软件,它可以帮助酒店更好地管理客户信息、提高服务质量、增强客户黏性,从而提高酒店的经营效益。

酒店CRM系统具备强大的客户信息管理功能。它能够对客户的基础资料进行集中存储与管理,构建详尽的客户档案,从而为酒店提供全面的客户画像。这一功能有助于酒店更加精准地把握客户需求,进而提供个性化的服务体验。

酒店CRM系统具备完善的客户互动跟踪机制。通过记录客户的预订情况、投诉反馈、客户关怀等互动信息，酒店CRM系统能够协助酒店建立健全客户互动体系，及时发现并处理潜在问题，从而提高客户的满意度与忠诚度。

酒店CRM系统具备强大的营销活动管理功能。基于客户的消费行为与偏好数据，酒店CRM系统能够为酒店制定个性化的营销策略，实现精准推送优惠信息、打造定制化服务体验等目标。这不仅有助于提升营销活动的效率与效果，还能够增强客户对酒店的认同感与归属感。

在销售管理方面，酒店CRM系统能够提供全面的销售数据分析与报告生成功能。通过对销售活动的跟踪与记录，酒店CRM系统能够协助酒店管理者了解销售业绩、制定销售策略、预测销售趋势等，为酒店的业务发展提供有力支持。

酒店CRM系统具备强大的数据分析与决策支持能力。通过对客户行为数据的深度挖掘与分析，酒店CRM系统能够为酒店提供有价值的市场洞察与业务建议，为酒店的战略决策提供科学依据。

（一）酒店客户关系管理(CRM)系统的核心功能

1. 客户信息管理

酒店CRM系统能够收集、整合和存储客户的个人信息，包括姓名、联系方式、入住记录、偏好等，以便酒店能够更全面地了解客户。

2. 预订与入住管理

酒店CRM系统支持在线预订、房间分配、入住登记等功能，能够简化客户预订流程，提高酒店运营效率。

3. 营销与促销管理

酒店CRM系统能够根据客户的消费行为和偏好，制定个性化的营销与促销策略，提高客户的满意度和忠诚度。

4. 客户服务与支持

酒店CRM系统可以提供客户服务热线、在线客服等渠道，确保客户在入住过程中能够获得及时、专业的服务支持。

（二）酒店客户关系管理(CRM)系统的优势

1. 提高客户满意度

酒店CRM系统能够通过个性化服务和精准营销，提高酒店的客户满意度，增强客户黏性。

2. 提升运营效率

酒店CRM系统的自动化处理预订、入住等流程，能够减少人工操作，提高酒店运营效率。

3. 数据驱动决策

酒店 CRM 系统通过收集和分析客户数据，为酒店管理层提供决策支持，助力酒店业务增长。

（三）酒店客户关系管理（CRM）系统的实施与维护

1. 系统选型与定制

根据酒店的规模和需求，选择合适的酒店 CRM 系统，并进行必要的定制开发。

2. 员工培训与推广

组织员工培训，确保员工能够熟练使用酒店 CRM 系统，同时向客户推广酒店 CRM 系统的优势，提高客户参与度。

3. 数据安全与隐私保护

加强对酒店 CRM 系统数据的安全防护，保护客户信息隐私安全。

4. 系统更新与升级

随着技术的不断发展和客户需求的变化，酒店应定期对酒店 CRM 系统进行更新和升级，保持酒店 CRM 系统的先进性和稳定性。

总之，酒店 CRM 系统是现代酒店运营不可或缺的重要工具。通过优化客户关系管理，提升客户体验和服务质量，酒店能够在竞争激烈的市场环境中脱颖而出，实现业务增长和可持续发展。

（四）酒店客户关系管理（CRM）软件

1. Salesforce 的酒店 CRM 解决方案

Salesforce 的酒店 CRM 解决方案是专为酒店行业设计的一套 CRM 系统，它能够帮助酒店更好地管理客户信息、提高客户的满意度和忠诚度，以及优化销售和市场营销策略。以下是 Salesforce 的酒店 CRM 解决方案的主要特点和优势。

（1）客户信息管理：Salesforce 的酒店 CRM 解决方案提供了强大的客户信息管理功能，便于酒店记录客户的基本信息、历史订单、住宿偏好等，从而更全面地了解客户需求，为客户提供个性化的服务。

（2）销售与市场营销：通过 Salesforce 的酒店 CRM 解决方案，企业可以制订针对性的销售与市场营销计划，包括促销活动、客户关怀计划等，以提高客户满意度和忠诚度，同时提高酒店的市场份额和盈利能力。

（3）客户服务与支持：Salesforce 的酒店 CRM 解决方案提供了客户服务与支持的功能，酒店可以通过该系统快速响应客户的问题和投诉，提高客户的满意度。同时，酒店可以利用自动化的服务流程，降低客服成本，提高服务效率。

（4）数据分析与决策支持：Salesforce的酒店CRM解决方案还具备强大的数据分析功能，可以帮助企业深入了解客户行为、市场需求和销售趋势，为企业的战略决策提供支持。

（5）移动端支持：Salesforce的酒店CRM解决方案支持移动端应用，酒店的员工可以随时随地访问客户信息、处理工作任务，从而提高工作效率。

Salesforce的酒店CRM解决方案通过提供全面的客户信息管理、销售与市场营销、客户服务与支持、数据分析与决策支持以及移动端支持等功能，帮助酒店实现客户关系的全面优化和管理，提升企业的竞争力和盈利能力。

2. HubSpot的酒店CRM解决方案

HubSpot的CRM系统同样适用于酒店行业，它以客户为中心的设计理念，使酒店能够更好地管理客户关系，提升客户体验。HubSpot的酒店CRM解决方案的自动化营销功能，可以帮助酒店实现精准营销，提升营销效果。此外，其强大的集成能力，使酒店能够轻松地将CRM系统与其他业务系统进行整合。

首先，在客户数据管理方面，HubSpot的酒店CRM解决方案能够实现客户信息的全面收集和精准分析。无论是客户的入住记录、消费习惯，还是他们的反馈意见，都可以被HubSpot的酒店CRM解决方案高效地整理和分析，有助于酒店更深入地理解客户需求，从而提供更加贴心的服务。

其次，营销自动化功能是该解决方案的一大亮点。通过设定自动化的邮件营销、社交媒体推广等活动，酒店可以更加高效地与客户保持沟通，增加品牌曝光度。同时，自动化的营销流程还能大大减轻人工操作的负担，提高营销效率。

最后，HubSpot的酒店CRM解决方案还提供了强大的销售流程管理功能。通过追踪销售线索、分析销售数据，酒店可以更加精准地把握市场动态，优化销售策略。这有助于酒店提高销售转化率，进一步提升业绩。

值得一提的是，HubSpot的酒店CRM解决方案还具有高度的可定制性和可扩展性。酒店可以根据自己的业务需求，灵活调整CRM系统的功能和设置，以满足不同阶段的发展需求。同时，HubSpot的酒店CRM解决方案还可以与其他酒店管理系统和第三方工具进行无缝集成，实现数据共享和流程协同。

这些酒店CRM软件各具特色，酒店在选择时需要综合考虑自身的业务需求、技术实力以及预算等因素。同时，为了确保CRM系统的顺利实施和有效运行，酒店还需要关注以下几个方面：

（1）酒店需要明确CRM系统的目标和需求，确保所选软件能够满足业务发展的需要。

（2）酒店需要对员工进行系统的培训和指导，确保员工能够熟练使用CRM系统，并理解其对于提升客户关系和业务效率的重要性。此外，酒店还需要关注CRM

系统的数据安全和隐私保护问题，确保客户数据的安全性和合规性。

（3）CRM系统的实施并不是一蹴而就的，酒店需要持续对CRM系统进行优化和更新，以适应市场变化和客户需求的变化。通过不断改进和完善CRM系统，酒店可以更好地管理客户关系、提升服务质量，进而实现业务增长和可持续发展。

主要术语

客户关系触点，是指企业在与客户互动的过程中，客户与企业产品或服务直接接触或交互的各个环节和点。这些触点可以发生在售前、售中以及售后等多个阶段，涉及客户与企业的各个接触渠道和方式。在客户关系管理中，触点管理至关重要。通过仔细分析和优化这些触点，企业可以提高客户满意度、增强客户黏性，并促进客户的转化和忠诚度的提高。企业进行触点管理的目标是确保客户在每一个与企业交互的环节都能获得良好的体验，并与客户建立起长期稳定的关系。

任务小结

客户关系管理（CRM）系统是一个集成信息系统，旨在通过技术建立客户信息收集、管理、分析和利用平台。其关键在于客户数据管理，以及记录和分析在市场营销、销售中的客户交互行为，为企业决策提供支持。

CRM系统包含客户合作管理、客户全生命周期管理、商机管理、合同管理和数据分析等子系统。CRM系统具备高度可访问性，支持云端数据访问，能够提高企业的工作效率。同时，第三方服务支持可减轻企业的维护负担。

SCRM系统，即社会化客户关系管理系统，属于SaaS系统，旨在优化企业与客户的互动关系。SCRM系统关注客户需求，能够记录消费者行为和反馈，进行精准营销，并提供及时的客户服务。

训练题

一、自测题

1. CRM系统的含义是什么？
2. CRM系统可以分为哪些类型？
3. SCRM系统有哪些功能？
4. 与传统CRM系统相比，SCRM系统在客户信息管理方面有哪些信息需要采集？

二、讨论题

酒店在应用CRM系统时需要考虑的关键因素和策略分别有哪些？

三、实践题

请选取一家酒店，调研其CRM系统的使用情况，并分析其CRM系统的特点及功能优势。

任务二　酒店智能化数据收集与管理

酒店智能化数据收集与管理是提升酒店服务质量、优化客户体验以及实现精细化运营的关键环节。酒店智能化数据收集与管理是一个系统性的工程，需要酒店从多个方面入手，不断完善和优化。通过智能化数据收集、数据管理与分析、智能化应用、优化客户服务流程、持续改进与创新以及培养员工的数据意识等措施，酒店可以不断提高服务质量和客户满意度，实现可持续发展。

一、酒店智能化数据收集

在酒店行业中，智能化数据收集扮演着至关重要的角色。通过先进的技术手段，酒店能够高效地收集、分析和利用各类数据，从而提高服务质量、优化客户体验，并实施更加精准的营销和运营决策。酒店智能化数据收集主要涵盖以下几个方面。

（一）客户数据收集

酒店可以通过前台系统、在线预订平台、CRM系统等渠道，收集客户的个人信息、入住记录、消费习惯等方面的数据。酒店可以通过这些数据了解客户的喜好和需求，从而提供更加个性化的服务。酒店客户、房型数据收集的内容具体见图3-1。酒店客户入住数据收集的内容具体见图3-2。

图3-1　酒店客户、房型数据收集

（二）运营数据收集

运营数据收集是指对酒店的入住率、客房清洁状况、设备设施使用情况等运营相关数据进行收集。通过对这些数据的分析，酒店可以及时发现运营中的问题，并采取有效的措施进行改进。酒店平均房价经营数据分析内容具体见图3-3。

图3-2　酒店客户入住数据收集

（三）市场数据收集

市场数据收集是指收集关于酒店所在地区的市场趋势、竞争对手情况、客户需求变化等方面的数据。这些数据有助于酒店了解市场动态，制定更加合理的市场策略，提升市场竞争力。酒店服务质量统计表见表3-3。

图3-3　酒店平均房价经营数据分析

表 3-3　酒店服务质量统计表

市场份额	数据/描述
头部酒店集团(如锦江国际集团、华住集团、首旅如家酒店集团等)市场份额总和	市场份额合计占比超过60%(具体数据可能会随着时间变化而产生变化,需参考最新报告)
锦江国际集团市场份额	市场份额占比约20%(具体数据可能会随着时间变化而产生变化,需参考最新报告)
华住集团市场份额	市场份额占比约15%(具体数据可能会随着时间变化而产生变化,需参考最新报告)
入住率	数据/描述
2024年上半年全国平均入住率	约55%(较2023年同期有所下降,但具体数据可能因地区、酒店类型等的不同而有所变化)
热门城市(如上海、北京、成都等)入住率	高于全国平均水平,具体数据需参考当地市场报告
平均房价	数据/描述
2024年上半年全国平均房价	293.9元(同比增长28.3%,但入住率下降导致RevPAR基本持平)
不同档次酒店房价	经济型、中档、中高档、高档酒店房价各异,具体数据需参考市场细分报告
新开业酒店数量	数据/描述
2024年上半年全国新开业酒店数量	2.3万家,接近2023年全年新开业酒店数量的59%
2024年上半年一线及新一线城市新开业酒店数量	5966家,约占2024年上半年全国新开业酒店数量的26%
酒店品牌表现	数据/描述
头部品牌(如全季、亚朵、希尔顿欢朋等)	兼具规模优势及增长动能,市场份额持续扩大
配套产品品牌化率提升	智能卫浴、智能家居等配套产品品牌化率显著提升,如2024年上半年希尔顿酒店集团智能坐便器品牌化率高达90%
市场趋势	数据/描述
中短期竞争压力	中短期竞争压力增大,但行业整体回归高质、有序
长期价值	长期价值有待挖掘,品牌化、连锁化、数字化发展逐渐成为酒店提升核心竞争力的内在要求

智能化数据收集为酒店带来了诸多好处。首先，它有助于酒店提高服务质量。通过对客户数据的分析，酒店可以了解客户的喜好和需求，从而提供更加贴心、个性化的服务。其次，智能化数据收集有助于酒店优化客户体验。通过对运营数据的监控和分析，酒店可以及时发现并解决客户在入住过程中遇到的问题，提升客户满意度。最后，智能化数据收集还有助于酒店实施更加精准的营销和运营决策。通过对市场数据的分析，酒店可以更加准确地把握市场趋势和客户需求，制订更加有效的营销策略和运营计划。

二、客户数据分析

酒店经营数据决策是一个复杂而关键的过程，它涉及对酒店运营过程中产生的各种数据的收集、分析、解读和应用。这些数据包括入住率、平均房价、RevPAR（每间可出租客房的平均收入）、ADR（平均每日房价）、GOPPAR（每间可出租客房的毛利润）等，以及餐饮收入、其他收入、费用和支出等财务数据。通过对这些数据的深入分析，酒店管理者可以更好地理解酒店的运营状况，从而制定有效的决策策略。

首先，酒店经营数据决策的基础是数据收集。酒店需要建立一套完善的数据收集系统，确保能够实时、准确地获取各种运营数据。这些数据可以通过酒店的预订系统、CRM系统、财务系统等获取，并整合到一个统一的数据平台进行分析。

其次，数据分析是酒店经营数据决策的核心。酒店管理者需要运用各种数据分析技术和工具，如统计学、数据挖掘、机器学习等，对收集到的数据进行深入的分析和解读。酒店可以通过对比不同时间段、不同市场渠道、不同房型的数据，发现运营中的问题和机会，为决策提供支持。例如，可以利用对入住率和平均房价的分析，了解酒店的市场需求和价格定位是否合理；可以利用对RevPAR和GOPPAR的计算和分析，评估酒店的盈利能力和运营效率；可以利用对餐饮收入和其他收入的分析，了解酒店各部门的贡献情况和潜力。入住率和平均房价分析表见表3-4。

表3-4　入住率和平均房价分析表

时间段/房型/酒店	入住率	平均房价(元/晚)
2023年第一季度 标准房	75%	500
2023年第一季度 豪华房	60%	800
2023年第二季度 标准房	80%	520
2023年第二季度 豪华房	70%	850
酒店A 标准房	70%	480
酒店A 豪华房	65%	780
酒店B 标准房	85%	550

续表

时间段/房型/酒店	入住率	平均房价(元/晚)
酒店B豪华房	75%	900
2022年同期(平均每季度)	72%	760
促销活动期间	95%	750
非促销活动期间	75%	850
豪华房型	—	1200
经济房型	—	600

基于数据分析的结果，酒店管理者可以制定针对性的决策策略。例如，酒店可以根据入住率和平均房价的分析结果，调整房价策略或优化房型配置；酒店可以根据RevPAR和GOPPAR的分析结果，改进客房管理和服务水平；酒店可以根据餐饮收入和其他收入的分析结果，开发新的餐饮产品或拓展其他业务。

此外，酒店经营数据决策还需要考虑市场趋势、竞争对手、客户需求等因素。酒店可以通过对比市场数据和竞争对手的数据，了解行业的整体状况和竞争态势；酒店可以通过客户分析和满意度调查，了解客户的需求和期望，从而改进服务质量和提高客户满意度。

综上所述，酒店经营数据决策是一个复杂而关键的过程，需要酒店管理者具备丰富的行业经验和数据分析能力。通过收集、分析和应用各种经营数据，酒店管理者可以更好地理解酒店的运营状况和市场环境，从而制定有效的决策策略，提升酒店的竞争力和盈利能力。在深入理解酒店经营数据并据此制定决策策略后，酒店管理者还需要关注决策的执行和效果评估。

主要术语

1. RevPAR

RevPAR即每间可出租客房平均收入，是酒店业衡量运营效率和盈利能力的关键指标。它通过客房总收入与可出租客房总数量的比值来计算，反映了酒店每间可出租客房的平均收益。RevPAR会受到地理位置、设施、服务、市场需求和竞争态势等因素的影响。酒店管理者可通过提高出租率、优化房价策略、提高服务质量和加强市场营销等方式来提升RevPAR，以实现利润增长。

2. ADR

ADR（Average Daily Rate），即平均每日房价，是酒店业关键经营指标。它反映了酒店每间已出租客房的平均租金收入，会受到市场需求、设施质量、季节性因素的影响。酒店管理者会根据ADR变化来调整房价策略，以提高收入。ADR也是评估酒店运营效率和投资回报率的指标。酒店可通过提高服务质量、完善设施、优化房价策略、加强市场营销等方式来提高ADR。总之，ADR对酒店经营发展至关重要。

3. GOPPAR

GOPPAR是酒店业关键绩效指标，表示每间可出租客房的毛利润。它通过将酒店总收入减去可变成本后，再除以可出租客房数量得出。GOPPAR有助于评估酒店盈利能力和成本控制效果。酒店经营者可通过监控GOPPAR变化来及时调整经营策略，提升盈利能力。

任务小结

酒店智能化数据收集是提升服务质量和客户体验、实施精准营销和运营决策的重要手段。在收集数据的过程中，酒店需要注重保护客户隐私和数据安全，确保数据收集的合法性和合规性。

训练题

一、自测题

1.请根据表3-5和表3-6分析客户需求，拟定一个酒店客户服务方案，以优化客户体验。

表3-5　酒店客户数据分析表1

客户ID	姓名	年龄	性别	职业	税前年收入	消费习惯	入住频率
1	张三	25岁	男	程序员	10万	商务房	每月一次
2	李四	30岁	女	设计师	15万	景观房	每季度一次

表3-6　酒店客户数据分析表2

客户类型	客户数量/人次	平均消费金额/元	入住频率
商务客户	1000	1000	每月一次
休闲客户	500	500	每年一次
家庭客户	300	300	每季度一次

2.请列举酒店智能化数据收集的主要渠道（如在线预订平台、客户反馈表、社交媒体、内部管理系统等）并对其收集方式进行解释。

3.酒店智能化数据收集与管理对于提升酒店运营效率的重要性具体体现在哪些方面？

二、讨论题

以小组为单位，分享一个酒店智能化数据收集与管理的成功案例，分析其成功的原因，并讨论该案例对其他酒店的启示和借鉴意义。

三、实践题

请你设计一个酒店智能化信息收集与管理的实践方案，具体包含信息收集渠道、数据存储方式、数据分析方法等方面的内容。在设计好相关实践方案后，请你模拟酒店智能化数据收集与管理的操作流程，并评估其效果。

任务三　酒店客户画像分析

客户画像分析是现代市场营销和业务发展中的一项至关重要的工作。它涉及对目标客户群体的深入理解和描述，以便企业能够更精准地满足客户需求，优化产品和服务，提升市场竞争力。

客户画像分析的核心在于数据采集，包括收集与客户相关的各种信息，如年龄、性别、地理位置、教育背景、职业、收入、消费习惯等。这些信息可以通过多种渠道获取，如市场调研、社交媒体分析等。结合这些数据，企业可以形成对目标客户的初步认识。

一、酒店客户数据采集内容

酒店在进行客户数据采集时，通常需要收集一定的关键信息以便更好地了解客户需求、优化服务以及进行市场分析。以下是建议的采集内容。

（一）基本信息

1. 姓名

客户的真实姓名。

2. 性别

客户的性别信息。

3. 年龄

客户的年龄范围或具体年龄。

4. 联系方式

客户的电话号码、电子邮箱等。

(二)住宿信息

1. 入住日期

客户的计划入住日期。

2. 离店日期

客户的计划离店日期。

3. 房间类型

客户预订或偏好的房间类型（如标准间、大床房、套房等）。

4. 入住人数

计划入住的客户人数。

(三)预订渠道

1. 预订方式

客户可以通过酒店官网、在线预订平台、旅行社或是其他方式进行预订。

2. 预订来源

了解客户的预订来源，有助于酒店分析市场推广效果。

(四)消费习惯

1. 餐饮偏好

客户对酒店餐饮的喜好，如偏好中餐或西餐等。

2. 娱乐需求

客户对酒店的健身房、游泳池、SPA等娱乐设施的需求。

3. 消费能力

客户对住宿价格的敏感度以及是否有额外消费的习惯。

(五)意见反馈

1. 客户满意度

客户对酒店服务、设施、卫生等方面的满意度评价。

2. 改进建议

客户对酒店提出的改进建议或意见。

通过对以上内容的采集，酒店可以更加全面地了解客户的需求和喜好，从而为客户提供更加贴心、个性化的服务。同时，这些数据也有助于酒店进行市场分析，优化产品和服务，提高客户满意度和忠诚度。

二、数据治理

数据治理是客户画像分析的关键步骤。这意味着要对收集到的数据进行整理、分类和"清洗"，以确保数据的准确性和有效性。数据治理有助于企业更好地理解客户的需求、兴趣和行为模式，能为后续的分析和策略制定提供有力支持。

三、客户行为分析

客户行为分析是客户画像分析的重要组成部分。通过对客户数据的深入分析，企业可以揭示客户的共性特点和差异性。例如，不同年龄段或地域的客户可能具有不同的消费习惯和价值观。这种深入理解有助于企业更精准地定位目标客户，并制定相应的营销策略。酒店客户行为分析的内容具体见图3-4。

酒店客户行为分析是酒店管理中至关重要的环节，通过对客户的行为、偏好和需求进行深入研究，酒店可以更好地理解客户，优化服务，提高客户满意度和忠诚度。

图3-4 酒店客户行为分析

（一）预订行为分析

1. 预订渠道

预订渠道体现了客户倾向于使用的酒店预订平台，如在线旅行社（OTA）平台、酒店官网、社交媒体等。了解不同渠道的预订占比有助于酒店优化资源配置和营销策略。

2. 预订时间

分析客户的预订时间分布，了解预订的高峰期和低谷期，有助于酒店制订更合理的价格策略和资源调配计划。

3. 预订频次与忠诚度

分析客户的预订频次和回头客比例，有助于酒店识别出忠诚客户，并针对这些客户制定个性化的营销和服务策略。

（二）入住行为分析

1. 入住流程体验

评估客户从入住到离店的整体流程体验，包括对办理入住手续、客房设施、餐饮服务、娱乐设施等方面的满意度。通过收集客户的反馈，酒店可以发现存在的问题和改进点，提升客户体验。

2. 客户需求与偏好

了解客户对酒店设施、服务、房间类型等方面的需求和偏好，有助于酒店根据客户需求调整产品设计和服务流程。

（三）价格敏感度分析

客户对酒店价格的敏感度因个人经济状况、旅行目的和预算分配而异。一些客户追求高性价比，对价格较为敏感；另一些客户则更注重品质和体验，对价格相对不敏感。

（四）目的地选择分析

客户的目的地选择会受到多种因素的影响，包括旅游兴趣、文化背景、气候条件、交通便捷性等。酒店可以对客户的目的地偏好进行分析，以制定更精准的营销策略，组织相应的推广活动。

通过对酒店客户行为的深入分析，酒店可以更好地了解客户，提供个性化的服务，优化资源配置，提高客户的满意度和忠诚度。这有助于酒店在激烈的市场竞争中脱颖而出，实现可持续发展。

四、酒店客户画像分析框架

对客户进行深入理解和描述的过程，有助于酒店更好地满足客户需求，提升服务质量和营销效果。酒店客户画像分析的框架包含以下几方面。

（一）基本信息分析

1. 年龄与性别

了解客户的主要年龄段和性别分布，有助于酒店设计更符合目标客户群体喜好的服务和设施。

2. 职业与收入

分析客户的职业背景和收入水平，有助于酒店确定合适的价格定位和服务标准。

3. 地域分布

了解客户主要来自哪些地区，有助于酒店制定地域性的营销策略，组织相应的推广活动。

（二）旅行习惯分析

1. 出行目的

分析客户出行的主要目的，如商务出差、休闲度假、家庭旅行等，有助于酒店提供更加精准的服务。

2. 预订方式

了解客户通常通过哪些渠道预订酒店，如通过在线平台、旅行社，或直接拨打酒店电话进行预订等，有助于酒店优化预订流程和渠道管理。

3. 住宿时长

分析客户的住宿时长，有助于酒店合理安排房间资源，提高运营效率。

（三）消费偏好分析

1. 房型选择

了解客户对不同类型房间的偏好，如大床房、家庭房、套房等，有助于酒店调整房型结构和布局。

2. 设施需求

分析客户对酒店设施的需求，如健身房、游泳池、会议室等，有助于酒店完善设施配置。

3. 餐饮口味

了解客户的餐饮口味偏好和饮食习惯，有助于酒店提高餐饮服务质量和客户满意度。

（四）行为特征分析

1. 入住时间

分析客户的入住时间和离店时间，有助于酒店优化客房管理和清洁流程。

2. 消费能力和消费习惯

了解客户的消费能力和消费习惯，有助于酒店制定合适的价格策略和促销方案。

3. 忠诚度

分析客户的回头率，有助于酒店识别忠诚客户并制定相应的维系策略。

（五）心理特征分析

1. 需求与期望

了解客户对酒店服务的期望，有助于酒店为客户提供更符合其需求的服务。

2. 价值观与品牌认知

分析客户的价值观及其对酒店品牌的认知，有助于酒店塑造品牌形象和提升品牌价值。

通过以上分析，酒店可以构建出清晰的客户画像，进而制订更加精准的市场营销策略、服务提升计划和客户关系管理策略。同时，随着市场的变化和客户需求的演变，酒店需要不断更新和完善客户画像，以保持竞争力和市场敏锐度。

在创建客户画像时，酒店需要综合考虑客户的各种信息和行为特点。一个完整的客户画像通常包括客户的基本信息、兴趣爱好、购买习惯、使用偏好等。这些画像可以为酒店认识和理解客户提供一个全面、立体的视角。

客户画像的应用是客户画像分析的最终目的。通过将这些画像应用于产品服务的设计和营销中，酒店可以更好地满足客户需求，提高客户满意度和忠诚度。同时，客户画像还可以帮助酒店进行精准的市场推广和产品定价，提高销售效率和市场份额。

主要术语

客户画像分析，是现代市场营销和业务发展中的一项至关重要的工作，涉及对目标客户群体的深入理解和描述，以便企业能够更精准地满足客户需求，优化产品和服务，提升市场竞争力。

任务小结

客户画像分析的核心在于数据采集，包括收集与客户相关的各种信息，如年龄、性别、地理位置、教育背景、职业、收入、消费习惯等。这些信息可以通过多种渠道获取，如市场调研、社交媒体分析等。

训练题

一、自测题

1. 目标客户群体的基本特征包含哪些内容？
2. 目标客户群体主要使用哪些社交媒体平台进行社交互动？
3. 影响目标客户群体制定购买决策的关键因素包含哪些？

二、讨论题

请从客户画像的角度，探究酒店应如何提高客户满意度、忠诚度，增强客户黏性。

三、实践题

假设你有一家酒店，请确定酒店的目标客户群体，并设计客户画像分析的内容，如目标客户群体获取产品信息时主要依赖哪些渠道？目标客户群体更倾向于在线上购物还是在线下实体店购物？目标客户群体在消费习惯上的差异有哪些？在设计好客户画像分析内容后，请你根据客户画像分析结果，提出针对目标客户群体的市场营销策略和优化建议。

任务四　酒店客户精细化管理

一、客户分层体系

客户分层是指企业根据客户的不同特征、需求和行为习惯，将他们划分为不同的层次或群体。这样做的目的是更好地了解各类客户的需求，制定更为精准的营销策略，优化资源配置，并提供更加个性化和精细化的服务。

客户分层的依据多种多样，包括客户的消费能力、购买频率、忠诚度、活跃度、活跃时长、转化率等指标，以及地域、年龄、性别等人口统计学特征。通过深入分析这些特征，酒店可以将客户划分为不同的层级，如高端客户、中端客户和低端客户，或者根据其他维度进行更细致的划分。

客户分层有助于酒店更加精准地定位目标市场，制定针对性的营销策略。例如，对于高价值客户，酒店可以提供更优质的服务和更多个性化定制的产品；对于潜在客户，酒店可以通过分析其行为特征，制定更具吸引力的推广方案，以提高转化率。客户分层体系表见表3-7。

表 3-7　客户分层体系表

客户层级	客户特征	服务策略
VIP客户	消费额高,忠诚度高	提供专属服务,优先处理需求
重要客户	消费额较高,忠诚度较高	提供个性化服务,定期回访
普通客户	消费额一般,忠诚度一般	提供标准化服务,关注需求变化
潜在客户	消费额较低,忠诚度较低	提供基础服务,积极引导消费

RFM模型是一种在客户关系管理中广泛应用的客户价值分析模型，主要由以下三个关键指标构成：最近一次消费（Recency）、消费频率（Frequency）以及消费金额（Monetary）。

（1）最近一次消费（R）：这个指标衡量的是客户最近一次消费的时间。理论上，最近一次消费时间越近的客户，对提供即时商品或服务产生反应的可能性越大。因此，这个指标有助于企业识别并优先关注那些近期有购买行为的活跃客户。

（2）消费频率（F）：这个指标关注的是客户在限定期间内的购买次数。购买次数越多，通常意味着客户的满意度和忠诚度越高。企业可以通过增加客户的购买次数来提高市场占有率。

（3）消费金额（M）：这个指标反映的是客户在某一时间段内的总消费金额。消费金额越高，客户的价值通常也越高。

利用这三个指标的组合，我们可以将客户划分为以下不同的群体。

（1）重要价值客户（高R，高F，高M）：这类客户最近购买过，购买频率高，且每次购买的金额大，是商家最需要关注和维护的客户群体。

（2）重要发展客户（低R，高F，高M）：这类客户虽然购买频率和金额都很高，但最近一次消费时间较远，商家需要采取措施激活他们的购买意愿。

（3）重要保持客户（高R，低F，高M）：这类客户最近购买过，且每次购买金额大，但购买频率不高。商家需要努力提升他们的购买频率，以最大化他们的价值。

（4）一般价值客户（高R，高F，低M）：这类客户购买频率高，最近也购买过，但每次购买金额不大。商家可以考虑通过提供更高价值的产品或服务来提升他们的购买金额。

表3-8为2024年1月至3月的客户RFM模型表。

表3-8　2024年1月至3月客户RFM模型表

客户ID	最近消费时间	消费频率	消费金额	R值	F值	M值
林女士	2024年3月15日	10次	1500元	高	低	低
张先生	2024年2月8日	20次	2000元	中	高	中
王先生	2024年3月27日	30次	3000元	高	高	高

在应用RFM模型时，酒店可以根据这三个指标对客户进行分类，如高价值客户、低价值客户、沉默客户等，从而针对不同客户群体制定个性化的服务策略，实现精准化运营。

然而，RFM模型也存在一些缺点。它主要关注客户的历史行为，而忽略了客户的未来潜力和其他关键行为，如网站访问量、社交媒体互动情况等。此外，RFM模型的客户分类可能不够细致，从而导致无法发现小众市场。因此，在使用RFM模型时，酒店应结合其他分析工具和方法，以更全面地评估客户价值并制定有效的客户管理策略。

二、酒店客户精细化管理的内容

在精细化管理下，酒店管理的每一个对象都需要被逐一分解与量化，转化为具体的数字、程序、标准和责任，使得每一项工作内容都变得明确、可衡量和可追溯。这不仅有助于提升工作效率，还能确保服务质量的稳定性和可靠性。此外，这也是一种针对酒店客户进行的深入、细致的管理方式，旨在提高酒店客户的满意度、忠诚度和酒店收益。酒店客户精细化管理主要包含以下内容。

(一)客户数据收集与分析

酒店需要建立完善的客户数据收集系统,包括客户的个人信息、入住记录、消费习惯、偏好等。通过对这些数据的深入分析,酒店可以了解客户的真实需求,为后续的精细化服务提供有力支持。

(二)客户细分与个性化服务

根据客户的特征和行为,酒店可以将客户细分为不同的群体,如商务客户群体、旅游客户群体、家庭客户群体等。酒店可以针对不同客户群体提供个性化的服务,如为商务客户群体提供安静的客房、为旅游客户群体提供当地旅游信息、为家庭客户群体提供儿童游乐设施等。

(三)客户关系维护与提升

酒店应与客户保持良好的沟通和联系,及时回应客户的需求和反馈。酒店可以通过开展定期的客户回访、发送关怀短信、组织优惠活动等方式,加强与客户的互动,提高客户的满意度和忠诚度。

(四)客户体验优化

酒店应关注客户在入住过程中的每一个细节,从预订、入住、用餐、娱乐到离店等各个环节,确保客户体验的无缝衔接。同时,酒店可以引入智能化技术,如智能客房控制系统、自助入住机等,让客户获得更加便捷和舒适的体验。

(五)客户服务团队培训

酒店应定期对客户服务团队进行培训,提升他们的服务意识和专业技能。通过培训,团队成员能够更好地理解客户需求,提供高效、优质的服务。

(六)营销策略与客户细分相结合

酒店应将客户细分的结果与营销策略紧密结合。针对不同客户群体的特征和需求,制定差异化的营销方案,如定向推送优惠信息、定制化的旅游套餐等。这样不仅可以提高营销效果,还能增强客户对酒店的认知、提高客户的忠诚度。

(七)客户反馈机制的建立与完善

建立一个有效的客户反馈机制对于酒店客户精细化管理至关重要。酒店可以通过设立客户意见箱、提供在线评价平台或进行电话回访等方式,积极收集客户的反馈意见。同时,对于客户的投诉和建议,酒店应及时响应并妥善处理,以确保客户的权益得到保障,进一步提高客户满意度。

(八)利用大数据和人工智能技术

大数据和人工智能技术的不断发展有助于酒店对客户进行精细化管理。通过对大量客户数据的挖掘和分析,酒店可以发现客户的潜在需求和消费习惯,从而进行精准营销和提供个性化服务。同时,利用人工智能技术,酒店可以实现自动化服务和智能推荐,提升客户体验,提高服务效率。

(九)持续改进与创新

酒店客户精细化管理是一个持续改进和创新的过程。酒店应不断关注市场变化和客户需求变化,及时调整和优化管理策略。同时,酒店应鼓励团队成员提出创新性的想法和建议,激发团队的创新活力,推动酒店客户精细化管理不断向前发展。

三、潜在客户精细化管理

在追求运营质量和客户满意度的精细化管理中,酒店不仅需要关注现有的客户和内部流程,还需要重视对潜在客户的精细化管理。潜在客户是酒店业务持续发展的重要动力,对他们的精准识别和有效吸引,可以为酒店带来更多的市场份额和竞争优势。

其一,酒店应明确潜在客户的定义和特征。潜在客户可能包括那些对酒店品牌有兴趣但尚未预订的客户,或者是那些经常访问酒店所在地区但尚未选择该酒店的游客。通过市场分析和客户画像的构建,酒店可以更准确地识别这些潜在客户,并制定相应的营销策略。在进行市场分析和客户识别时,酒店需要运用先进的数据分析工具和技术手段,以获取更为准确和全面的信息。通过对潜在客户的年龄、性别、职业、消费习惯等特征进行深入分析,酒店可以更加精准地定位目标客户群体,并制定相应的营销策略。

其二,酒店应利用多元渠道吸引潜在客户。这包括通过社交媒体、搜索引擎优化(SEO)、合作伙伴关系等,提高酒店的在线曝光度和知名度。同时,酒店还可以通过开展线上活动、推出优惠促销等方式,吸引潜在客户的关注和兴趣。在营销策略的制定上,酒店应注重创新和差异化。除了传统的广告宣传和推广活动,酒店还可以探索更多的线上渠道和新媒体平台,如社交媒体、短视频平台等,以吸引更多年轻的、活跃的潜在客户。同时,酒店还可以结合地方文化特色或旅游热点,打造独具特色的主题营销活动,以提升品牌的吸引力和竞争力。

其三,在吸引潜在客户的过程中,酒店应注重与客户的互动和沟通。通过及时回复客户的咨询和评论,提供个性化的推荐和服务,酒店可以建立起与潜在客户的良好关系,增强客户对酒店的信任和好感。酒店需要注重提供个性化、差异化的服务体验。例如,对于经常在社交媒体上分享旅行经历的潜在客户,酒店可以主动邀请他们参与酒店的体验活动或试住计划,并邀请他们分享自己的体验感受。这样不仅可以增进客户对酒店的了解和信任,还可以借助客户的口碑传播,吸引更多潜在客户关注酒店。

其四,酒店还应关注潜在客户的转化和留存。通过优化预订流程、提供便捷的支付方式、完善售后服务等方式,酒店可以提高潜在客户的转化率,将他们转化为实际的入住客户。同时,酒店还应关注客户的复购率和口碑传播,通过提供优质的产品和服务,赢得客户的忠诚度和口碑。酒店也可以通过会员制度、积分奖励等方式,激励客户再次选择酒店,提高客户的复购率和忠诚度。

其五,酒店应定期对潜在客户的精细化管理效果进行评估,并做出相应的调整。通过收集和分析客户数据、反馈意见等信息,酒店可以了解潜在客户的需求变化和市场竞争态势,及时调整和优化管理策略,以确保精细化管理的持续有效。

总之,酒店针对潜在客户的精细化管理是一个全面、深入的过程。通过综合运用市场分析、客户互动和效果评估等,酒店可以更有效地吸引和留住潜在客户,提升酒店品牌影响力,扩大市场份额。

主要术语

搜索引擎优化(SEO),是指通过优化网站的内容、结构和技术,提高在搜索引擎中的排名,以增加流量和曝光度的技术。其主要工作包括关键词研究、内容优化、结构优化和链接建设。在进行SEO时,应做到定期更新内容,遵守搜索引擎规则。SEO是重要的网络营销手段,有助于酒店提升品牌知名度、吸引客户和转化业务。

任务小结

酒店精细化管理既是一种管理理念,也是一项技术,它有助于提高酒店的运营效率和服务质量,能够为酒店赢得竞争优势和市场份额。通过明确目标客户、利用多元渠道、加强与客户的互动和沟通、优化转化和留存策略以及定期评估和调整等,酒店可以更有效地吸引和留住潜在客户,为自身的持续发展奠定坚实基础。

训练题

一、自测题

1.酒店客户精细化管理的定义是什么?

2.酒店客户精细化管理的核心目标是什么?

3.酒店客户精细化管理对于提高客户满意度和忠诚度的重要性主要体

现在哪些方面?

4.请列举并解释目前酒店广泛采用的客户细分标准。

5.酒店应如何优化服务流程,以提高服务效率和质量?

二、讨论题

1.酒店怎样才能实现在对客户进行精细化管理的同时,有效控制运营成本?

2.请列举酒店在实施客户精细化管理过程中可能遇到的挑战,并提出相应的对策。

三、实践题

设计一份酒店客户精细化管理的实施计划,并对效果进行评估,包括客户满意度提升、运营成本降低等方面。根据评估结果,提出改进措施和建议,以持续优化酒店客户精细化管理。

项目四
酒店客户满意管理

 项目概述

　　随着市场竞争的加剧,客户有了更加广阔的选择空间。谁能更好地、更有效地满足客户需要,让客户满意,谁就能够获得竞争优势。因此,企业要想在日趋激烈的市场竞争中立于不败之地,应正确分析客户满意度,找出企业产品与服务存在的问题和不足,并采取积极有效的措施提高客户满意度,从而有效地保留老客户,吸引新客户,创造更多的价值。

　　本项目主要介绍了客户满意度的相关知识,包括评价客户满意度和提高客户满意度的方法等。

 项目目标

知识目标

(1) 认识客户满意及客户满意度。
(2) 理解客户满意度的影响因素及衡量指标。
(3) 掌握客户满意度的测评意义及测评步骤。
(4) 掌握提高客户满意度的策略和方法。

能力目标

(1) 能够分析客户满意度。
(2) 能够设计提高客户满意度的方案,并提出改进措施。

素养目标

(1) 养成自我反省、不断总结的好习惯。
(2) 培养同理心与换位思考的能力。
(3) 树立正直诚信、爱岗敬业的职业观。

项目四　酒店客户满意管理

知识导图

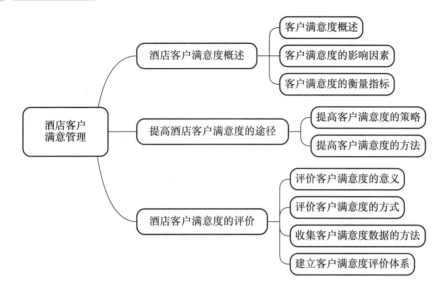

重点难点

重点：
提高客户满意度的有效措施与技巧。

难点：
评价客户满意度的方法。

案例导入

游客纷至沓来 酒店订单暴涨——天水市住宿行业创新服务迎"春天"

天水市麻辣烫爆火出圈后，来天水的游客数量持续呈井喷式增长。八方游客纷至沓来，天水市的酒店也在清明假期迎来了入住高峰。

"客房订单突然开始增加了""清明假期的客房一周前就订满了"……显著上涨的订单量，让天水市各家酒店从业者真切感受到麻辣烫的拉动力。为了让每一位游客都能玩得舒心、住得安心，天水市各酒店持续推出系列优惠活动，竭尽全力为游客提供满意的住宿体验。为了让这波"流量"变成"留量"，让天水市的人气更旺、旅游热度持续得更长久，天水市相关部门也积极做好服务保障。

一、打折降价，让游玩更有性价比

为了严格控制酒店价格，杜绝假期大幅涨价，避免出现"欺客""宰客"等现象，天水市市场监管部门、综合执法部门等联合发力，通过检查结账记录等方式，监督各酒店门市定价情况，维护旅游市场秩序。

二、用心接待，提高酒店服务质量

不辜负这难得的爆火机会是天水市酒店从业者的共识，连日来，大家纷纷增加人手、强化培训、加强管控，用心接待每一位客人。其中，很多家酒店的管理人员下沉服务一线。"多一个人服务，就能缩短准备时间，提高游客入住效率。"李永峰介绍，在原有各类检查的基础上，酒店还增加了二次抽检，确保各项服务保障到位。

天水市相关部门也积极做好服务保障工作。日前，天水市发布了2区5县686家住宿单位的地址、联系电话和酒店到高铁站距离，便于游客提前预订酒店。麦积区妇联组织举办了"酒店接待礼仪"培训班，邀请资深礼仪培训师，围绕服务意识、职业形象、沟通技巧等方面进行全面讲解和实操演练，确保每一位服务人员都能够以最佳状态迎接游客。

三、贴心服务，花式送礼温暖游客

为了提升游客的住宿体验，不少酒店纷纷创新服务方式，通过在早餐中加入当地特色小吃、在房间和前台放置旅游攻略、临走时赠送特色伴手礼等方式，提高游客满意度。

（资料来源：《游客纷至沓来 酒店订单暴涨——天水市住宿行业创新服务迎"春天"》，载《每日甘肃》，2024年4月8日。）

任务一　酒店客户满意度概述

酒店业属于服务性行业，酒店的服务质量直接或间接地影响着客户满意度。客户满意度反映了酒店留住客户的情况，较高的客户满意度能提高酒店的经济效率。客户满意度是每家酒店都应该重视的一个指标。在竞争激烈的市场环境中，酒店客户满意度是酒店品牌形象的重要体现，能直接影响酒店的客户回头率和口碑传播。因此，如何实现高水平的酒店客户满意度管理已成为酒店业务中需要解决的重要问题之一。

一、客户满意度概述

（一）客户满意

客户满意是客户将所感知的产品或服务质量与其所期望的产品或服务质量相比

较后形成的一种感觉状态。客户满意一般应从以下几个方面进行理解。

（1）客户满意是客户消费了企业提供的产品或服务之后所形成的满足状态，这种状态是客户个体的一种心理体验。

（2）客户满意一般是以客户总体为出发点的。当个体满意与总体满意发生冲突时，个体满意应服从总体满意。

（3）客户满意是建立在道德、法律和社会责任基础之上的。有悖于道德、法律和社会责任的满意行为不属于客户满意的范畴。

（4）客户满意是相对的，没有绝对的满意。企业只有不懈地努力，才能不断向客户满意趋近。

（5）客户满意有鲜明的个体差异。令某个人感到十分满意的产品或服务，其他人可能会感到不满意。因此，企业不能追求统一的满意模式，而应因人而异，提供有差异的满意产品或服务。

（二）客户满意层次

客户满意包含产品满意、服务满意和社会满意三个层次。

1. 产品满意

产品满意是指企业产品或服务带给客户的满足状态，包括产品的内在质量、价格、设计、包装、时效等方面的满意。产品满意是构成客户满意的基础因素。

2. 服务满意

服务满意是指企业在售前、售中、售后，以及在产品生命周期的不同阶段采取的服务措施令客户满意。这主要体现在为客户提供服务的人员在服务过程的每一个环节都能设身处地地为客户着想，做到利于客户、方便客户。

3. 社会满意

社会满意是指企业的产品或服务对社会产生的积极作用令客户满意。它要求企业的经营活动要有利于社会文明的进步。

（三）客户满意度

客户满意度是测量客户满意程度的量化指标，是指客户对企业及其产品或服务的满意程度。客户满意度可以从以下几个方面进行理解。

（1）客户满意度是一个相对概念，是客户期望值与最终感知价值之间的匹配程度。

（2）客户的期望值与其付出的成本相关，一般而言，付出的成本越高，期望值越高。例如，人们若是花很长时间排队等待就餐，往往会希望所等待的餐厅的服务和菜品项目比其他餐厅的好。

二、客户满意度的影响因素

客户满意是一种心理感受，体现为一个复杂的心理过程。不同客户的心理过程不一样，其满意度也会不同，即便是同一客户在不同情况下购买同一产品或服务，其对于该产品或服务的满意度也会有所不同。一般而言，客户的个性、心理及行为比较复杂，因此，影响客户满意度的因素众多，主要体现为主观因素和客观因素两个方面。

（一）主观因素

1. 客户期望

客户期望是指客户从各种渠道获得企业的产品或服务的信息后，在内心对企业的产品或服务形成的一种"标准"，进而产生的一种期盼。例如，客户希望15分钟内获得相关推荐，结果不到10分钟就得到了满意答案，这时，客户就会对商家的服务速度感到满意；如果客户曾在15分钟内得到了满意答案，那么下一次若是超过了15分钟，客户则会对商家的工作效率产生不满。

2. 客户感知

客户感知是指客户对企业产品或服务的感受。由于不同客户在经历、认知、需求等方面存在差异，不同客户对同一产品或服务的感受是不一样的。此外，同一客户在不同心理状态下，对产品的使用感受或对服务过程的感知也会不同。这些因素会对客户满意度形成正面或负面影响。

知识链接
Zhishi Lianjie

客户期望、客户感知与客户满意度三者之间的关系

1. 很满意
客户感知的产品或服务价值＞客户期望的产品或服务价值。
2. 满意
客户感知的产品或服务价值＝客户期望的产品或服务价值。
3. 不满意
客户感知的产品或服务价值＜客户期望的产品或服务价值。

（二）客观因素

1. 企业

企业的社会形象、品牌等方面的因素都会影响客户的评价和判断。例如，如果企业具有社会责任感，社会形象较好，客户则会对其产生良好的印象，进而选择其产品或服务，形成一定的满意度；如果企业的社会形象较差，负面新闻较多，客户一般不会选择其产品或服务，更不会对其感到满意。

2. 产品

产品的性能、质量、价格、外观等是影响客户满意度最直接的因素。例如，当企业向客户提供一个在价格、质量等方面具有竞争力的产品时，客户可能会对该产品感到满意；当企业向客户提供一个质量较差、价格较高的产品时，客户则会对该产品产生不满。

3. 服务

企业服务的便利性、服务时间的长短、服务人员的态度和响应时间等都会影响客户的满意度。客户不仅希望消费过程能顺利进行，还希望企业能够遵守承诺，提供相应的服务，甚至提供超过客户期望的服务。若这种愿望未能得到满足，客户就会感到不满。

案例链接

员工张艳虽然刚进入酒店工作不久，但其在工作中细致认真，服务热情很高，一次，张艳在酒店走廊遇到了3位男士，她主动上前打招呼，得知客户想订包间，便主动向客户介绍了2楼新装修的3个包间，但客户表示看过，想看看其他的包间，张艳又向客户介绍了3楼包间及其相关文化。了解到客户是济源人，张艳便主动为客户推荐"济水厅"。能够较好地掌握包间的相关文化知识并进行详细介绍，做到主动引领客户、态度热情、服务到位，这些看来简单的细节，做好却并不简单，这些也让客户对张艳留下了很深的印象。

4. 沟通

沟通的方式、时间、效果等方面的因素会影响客户满意度。客户都希望在需要帮助时能与企业进行及时、方便的沟通。当企业能够为客户提供便捷的沟通方式，或能够及时与客户进行沟通，或能够与客户进行有效沟通时，客户就会对其感到满意。当客户与企业沟通时，不能获取产品或服务的相关信息，或企业不能妥善地解决客户的问题时，客户会对其产生不满。

5. 环境

环境会直接影响客户的心情，进而影响客户满意度，这种现象在酒店行业比较典型。客户在入住酒店前，其内心会对房间的整洁度、舒适度等有一定的要求。若酒店为客户提供的房间不够整洁、有异味，客户则会产生不满。因此，酒店应为客户创造良好、舒适的环境，以赢得客户满意。

6. 情感

相关调查数据表明，影响客户满意度的因素可能与核心产品或服务的质量无关。有时，客户可能对服务提供商及其员工中的大多数感到满意，只是一位员工的某些表达或者其他一些小事情没有做好而使该客户受到了影响，进而使公司失去了这个客户，而员工们往往会忽略了自己的这些表达或做过的这些小事。

酒店的情感服务强调酒店能恰到好处地满足有着不同个性、从事不同职业的客户的愿望。首先，酒店的情感服务要求酒店员工从小事做起，恰到好处地把握客户的心理脉搏，服务到实处，周到而不烦琐，标准而不刻板，让客户感到舒适。其次，酒店的情感服务要求酒店员工要善于分析客户的心理和特点，懂得从客户的表情了解到客户的需要，若是服务在客户开口之前，其效果就会超出客户的期望。

知识链接

根据"木桶原理"，一个木桶所能装水的最大限度，由其最短的一块木板所决定。同样，一个企业能够得到的最大客户满意度，由其工作效率最低的一个环节或部门所决定。也就是说，企业要想获得客户的高度满意，必须使所有的环节和部门都能够为客户创造超出其期望值的价值。

三、客户满意度的衡量指标

客户满意度的衡量指标是指用于测量客户满意程度的一组项目因素。在评价客户满意度时，企业需要建立一组与其产品及服务有关的、能全面反映客户对产品及服务满意度的代表性项目。常用的客户满意度衡量指标包含以下五类。

（一）美誉度

美誉度是指一个组织获得公众信任、好感的程度，是评价组织声誉好坏的社会指标，侧重于"质"的评价，即公众对组织的信任和赞美程度。对于企业来讲，美誉度是指客户对企业或客户服务人员的褒扬程度。

案例链接

一颗珍珠映照出的品质文化

同仁堂老字号药店有一条遵循了三百余年的古训:"炮制虽繁必不敢省人工,品味虽贵必不敢减物力"。同仁堂有一种药名为"紫金丹",需要与珍珠配伍。当年,同仁堂的当家老太太会拿着珍珠,看着药工把药捣好了,并亲自把珍珠放进捣好的药里,然后再看着药工把珍珠慢慢捣碎了才离开。

为什么要这样做呢?老太太这样说道:"我家虽不在乎两颗珍珠,但就怕药工见钱眼开,把这两颗珍珠偷走,使这味药失去药性,对不起吃药的人。"同仁堂这种为客户着想、以客户为主的理念赢得了口碑,获得了客户的美誉。

(二)指名度

指名度是指客户指名消费某种品牌的产品或服务的程度。如果客户对某种品牌的产品或服务非常满意,他们就会在消费过程中放弃其他选择而非此不买。例如,客户在购买家电时,指名购买格力的空调、西门子的冰箱、万和的热水器等。

(三)回头率

回头率是指客户在消费了某企业的产品或服务之后,再次消费或介绍他人消费的频率。如果某个客户在消费了某种产品或服务之后,感到十分满意,那么该客户大概率会再次消费,并向亲朋好友大力推荐,引导他们加入消费队伍。

(四)抱怨率

抱怨率是指客户在消费某企业的产品或服务之后产生抱怨的比率。客户抱怨率是客户不满意的具体表现。客户服务人员可通过客户抱怨率了解客户的不满意情况。

(五)销售力

销售力是指产品或服务的销售能力。一般而言,客户满意的产品或服务的销售力比较好,而客户不满意的产品或服务的销售力则比较差。

主要术语

1.客户满意

客户满意是客户将所感知的产品或服务质量与其所期望的产品或服务

质量相比较后形成的一种感觉状态。

2.客户满意度

客户满意度是测量客户满意程度的量化指标，是指客户对企业及其产品或服务的满意程度。客户满意度是一种心理感受，体现为一个复杂的心理过程。不同客户的心理过程不一样，其满意度也会不同，即便是同一客户在不同情况下购买同一产品或服务，其对于该产品或服务的满意度也会有所不同。

3.客户期望

客户期望是指客户从各种渠道获得企业的产品或服务等信息后，在内心对企业的产品或服务形成的一种"标准"，进而产生的一种期盼。

4.客户感知

客户感知是指客户对企业产品或服务的感受。

任务小结

客户满意度反映的是客户的一种心理状态，是客户对企业的某种产品或服务所产生的可感知效果与其期望值进行比较后，所形成的愉悦或失望的感觉状态。换句话说，"满意"并不是一个绝对概念，而是一个相对概念。客户的满意度有三种情况：十分满意或高度满意，基本满意或一般满意，不满意或失望。客户满意的意义包括：客户满意是企业经营的出发点和落脚点；客户满意可使企业获得长期的盈利能力；客户满意有助于企业形成竞争优势，等等。影响客户满意度的因素包括企业因素、产品因素、服务因素、沟通因素、环境因素、情感因素等。

训练题

一、自测题

1.（　　）是客户想象中可能得到的服务。

A.客户对服务的预期　　B.客户对服务的实际感受

C.客户满意　　　　　　D.客户忠诚

2.在客户关系管理中，客户满意是由（　　）因素决定的。

A.客户的抱怨和忠诚　　B.产品的质量和价格

C.客户的期望和感知　　D.产品的性能和价格

3.以下哪一项不属于客户满意度的衡量标准？（　　）

A.指名度　　　　　　　B.抱怨率

C.销售力　　　　　　　D.进店率

二、讨论题

1. 客户满意的三个层次分别包括哪些内容？
2. 影响客户满意度的客观因素有哪些？

三、案例分析题

寄 存 客 衣

一天早上，某酒店1812房的客人手拎着一包要洗的衣服，叫住了正在楼层走廊上专心抹尘的服务员小张，该客户一脸企盼地问道："小姐，我马上要退房，过几天还要入住你们酒店。但现在我有衣服要洗，衣服洗完后能不能先寄存在你们这儿，过几天入住时我再来拿？""好的，您把要洗的衣服交给我吧，等洗好后我们会替您保管的。"服务员小张微笑着接过客人的衣服，并告诉客人在下次入住时客房服务员会将衣服送去他的房间，客人满意地拎着行李去办理退房手续了。

下午，1812房的衣服洗好后，洗衣房的员工直接将衣服送到管家部办公室，由客房中心文员将衣服归类放入专门为客人准备的衣柜里，并在客人的档案中做好了记录。

时间久了，很多常住客都知道酒店设立了这一服务，经常将洗好的衣服也放在管家部寄存，客房中心会在客人下次入住酒店时，通知服务员将衣服送至房间，从而减轻了常住客人在旅途往返中的行李负担。几位常住客人对酒店设立的这项特殊服务赞不绝口，甚至有客人直言就是因为这项服务他才每次都选择入住该酒店。

请从客户满意层次角度分析，该案例中的服务对客户满意有怎样的影响？

任务二 提高酒店客户满意度的途径

一、提高客户满意度的策略

根据客户满意的定义，提高客户满意度的策略可以从以下两个方面着手：一方面是把握客户期望值；另一方面是提高客户感知价值，并让客户的感知价值超出客户期望值。

教学视频

酒店客户满意提升途径

(一)把握客户期望值

1. 明确客户期望值

企业明确客户对产品或服务的期望值很重要,这样才不会在客户不在意的地方浪费时间、精力和金钱。

客户期望值不是一成不变的,而是呈现出多元化、动态化的特点。当客户期望值过高时,一旦产品或服务的感知价值没有达到客户期望值,客户就会感到失望,甚至是不满;当客户期望值过低时,客户可能就没有兴趣购买企业的产品或服务了。

因此,企业必须对客户期望的变化方向保持高度警觉,分析并明确客户在购买产品或服务时希望获得的理想结果,以及那些可以提高客户满意度进而驱动其购买行为的因素。例如,餐厅的服务人员在与客户进行简短沟通与交流后,应大致明确客户对菜品的价位、口味等的期望。

2. 设定客户期望值

设定客户期望值,即企业需要告诉客户哪些产品或服务是其可以得到的,哪些是其无法得到的,从而修正客户期望值,让客户期望值处于一个对企业有利的恰当水平。这样既可以吸引客户,又不至于让客户因为期望落空而感到失落。例如,当客户购买家具时,企业应主动向客户说明购买家具后的附赠服务。若客户需要自行安装家具或接受有偿安装家具,企业应提前向客户说明,切勿等到客户购买家具后再说明,避免客户产生不满情绪。

设定客户期望值可通过以下两种方法来实现:

(1)对客户坦诚相告。在分析客户需求和企业自身所能够提供的服务之后,企业应客观地描述其产品或服务,引导客户与其建立信任关系。

(2)影响客户对产品的感受。信息源的多样性导致了客户感受的不确定性。这种感受可能来自客户的想象,也可能来自一些社会媒体的信息,但主要还是来自企业的广告宣传。企业可以利用广告宣传来适当影响客户对产品或服务的感受。如果企业的宣传恰到好处并且留有余地,使客户期望值保持在一个合理的水平,那么客户感知价值就很可能轻松地超过客户期望值,从而使客户"喜出望外",感到"物超所值"。

3. 降低客户期望值

当企业无法达到客户期望值时,应学会降低客户期望值。企业需要了解客户期望值,并能够对客户期望值进行排序,帮助客户认清哪些是重要的,哪些是不太重要的;企业应向客户说明不能满足其期望值的理由,然后向客户提供多种选择方案,并最终使客户感到满意。

（二）提高客户感知价值

企业如果善于把握客户期望值，并为客户提供超出其期望值的感知价值，就能够让客户感到满意。当客户获得的总价值大于其付出的总成本时，客户的感知价值就会较高。提高客户感知价值就是提高客户让渡价值，因此，企业可以从提高客户获得的总价值和降低客户支出的总成本两个方面来提高客户感知价值。

1. 提高客户获得的总价值

（1）提高产品价值。企业要想提高产品价值，需要树立"质量是企业生命线"的理念，不断为客户提供高品质、符合客户需求的产品或服务。

（2）提高服务价值。随着客户购买力水平的不断提高，客户对服务的要求越来越高，服务质量对客户购买决策的影响也越来越大。因此，为客户提供优质的服务已经成为企业提高客户感知价值和满意度的重要方法之一。这就要求企业站在客户的角度，想客户之所想，不断完善服务内容，不断提升服务质量和水平，从而提高客户感知价值和客户满意度。例如，在当前社会健康意识日益增强的背景下，客户对住宿环境的卫生和空气质量提出了更高要求。为此，许多酒店开始引入先进的空气消毒设备和技术，确保客户呼吸到清新的空气。

（3）提高人员价值。提高人员价值即提升企业全体员工的工作效率、业务能力、应变能力等。优秀的企业员工在客户中会享有很高的声望，对提高企业的知名度和美誉度、提高客户感知价值和客户满意度具有重要意义。因此，企业可定期开展技能培训等活动，帮助企业员工提升自身的业务能力，从而提高客户感知价值和客户满意度。

（4）提高形象价值。企业是产品与服务的提供者，其规模、品牌、效益、公众舆论等内部或外部表现都会影响客户的判断。企业若是形象好，就会形成对企业有利的社会舆论，这有助于为企业的经营发展创造一个良好的氛围，同时也能提高客户对企业的感知价值，从而提高客户满意度。

案例链接

突破1000家！锦江酒店（中国区）呵护地球不止"一小时"

2024年3月23日晚，由世界自然基金会（WWF）发起的全球第18个"地球一小时"活动如约而至。在"为地球献出一小时"的环保倡议下，除了像往年一样呼吁旗下酒店统一于当晚20点30至21点30熄灭建筑外立面及公区部分不必要的照明及耗电设备，锦江酒店（中国区）今年还围绕"相愈地球"这一主题开启了一场线上线下联动的疗愈环保大会。

值得一提的是，此次参与"地球一小时"关灯仪式的酒店大多已通过"酒店可持续发展基准"（HSB）验证，同期，锦江酒店（中国区）旗下共有超1000家酒店通过HSB八项首要基准验证，并由全球权威认证机构SGS颁发HSB验证证书。打造颂钵疗愈之旅，赋予"地球一小时"更多价值。柔和的烛光洒落，空气中透着淡淡的香气，疗愈师轻轻敲击颂钵，铜钵的声音浑厚深远，水晶钵的声音则纯净空灵，让人仿佛置身于大自然中，收获温暖、舒适、松弛……活动当晚，在上海静安晙阁酒店，锦江酒店（中国区）特别邀请百万粉丝环球旅行博主与锦江会员、酒店住客一起，在熄灯一小时期间，开启一趟涤荡心灵的颂钵疗愈旅程。颂钵疗愈一直是这家蕴含东方文化禅意的高端度假酒店所坚持的特色项目，深受中外住客喜爱。

（资料来源：https://baijiahao.baidu.com/s?id=1794481141413487568&wfr=spider&for=pc。）

2. 降低客户支出的总成本

（1）降低货币成本。要想提高客户感知价值，仅靠提供高质量的产品与服务显然不够，企业还需合理地制定产品与服务的价格，使客户感到物有所值，甚至物超所值。一般情况下，产品与服务的定价应以客户满意为出发点，并综合考虑市场形势、竞争程度和客户的接受能力等因素。

（2）降低时间成本。在保证产品与服务的质量的前提下，企业应尽可能节省客户的购买时间，降低时间成本，从而降低客户支出的总成本，提高客户感知价值。例如，"一站式"购物方式可使客户在较短时间内以较快的速度购齐其所需要的产品。

（3）降低精神成本。在相同情况下，精神成本越低，客户支出的总成本就越低，客户的感知价值就越高。降低精神成本最常见的做法是提供承诺。例如，某理发店为客户提供不满意就退款的服务，一定程度上削弱了客户的理发顾虑。

（4）降低体力成本。企业应采取措施降低客户的体力成本，提高客户感知价值。例如，企业可以整合产品信息以便客户查询。又如，企业可以为客户提供送货到家、安装调试等服务。

二、提高客户满意度的方法

要想提高客户满意度，企业应做的事情可分为以下两种：一种是把分内服务做精，另一种是把额外服务做足。

(一)把分内服务做精

分内服务是指那些在意料之内、情理之中的服务,如维修、退换货物、调试等。企业首先应把分内服务做好、做精,只有这样才有机会为客户提供进一步的服务,进而赢得客户的认可。要想把分内服务做精,企业应做到以下几点。

1. 从内心尊重客户

把分内服务做精,要求企业从内心尊重客户。企业只有从内心尊重客户并关注客户的每一项需求,才能更好地服务客户,从而使客户对自己所提供的服务感到满意,进而使自己在市场竞争中占据有利位置。

案例链接

神龙汽车将"服务客户,发自内心地尊重客户"作为神龙员工的工作信仰。在2020年10月的汽车文化节活动上,神龙汽车发布了"元＋"计划,即在"元"计划的基础上进行迭代和升级,增加了一个最重要的理念——"服务更信赖",聚焦于服务客户。同时,神龙汽车还发布了"五心守护行动",围绕客户需求,从买车到用车、养车,再到换车的全生命周期,提供了一整套的解决方案。

神龙汽车用实际行动向客户表示尊重,实施了六年首任车主回厂免费送一次保养的举措。从截至2021年6月的数据来看,已经有20万名客户将爱车送回"家"保养。以一次保养消费500—600元为参考,神龙汽车相当于花费上亿元来回馈老客户。

此外,神龙汽车尊重经销商、供应商等合作伙伴,做到了互利共赢。近几年汽车行业的整体销量持续下跌,给经销商和供应商等合作伙伴带来了非常大的困扰。在这样的市场背景下,神龙汽车并没有盲目发展,而是集中精力与现有合作伙伴携手前行,并为他们提供各方面的强力支持,努力提升他们的盈利水平。

(资料来源:https://baijiahao.baidu.com/s?id=17028275643267660 04&wfr=spider&for-pc。)

2. 及时解决客户问题

把分内的服务做精,要求企业能够及时解决客户问题。当客户提出要求时,企业首先应做到帮客户解决问题,而不是进行责任划分。

案例链接

水务工作人员抢修供水管网

2021年10月18日，遂平县建设路西段供水管网被市政道路施工方挖断，导致管道漏水，造成路面严重积水，同时致使城区大面积停水，影响了人们的正常生产生活。群众纷纷拨打12345热线电话寻求帮助，12345热线工作人员第一时间将群众反映的问题转至遂平县热线办紧急处理。

接到通知后，遂平县热线办工作人员立即联系遂平上实水务有限公司赶往故障路段，进行技术分析，制定抢修方案。为了保障该区域居民第二天的正常用水，遂平上实水务有限公司启动紧急预案，利用消火栓用水先为大家解决生活用水问题，并联系区域内的物业公司负责人，组织业主分批取水。

遂平上实水务有限公司抢修人员开挖、切割、更换、对接供水管，经过几个小时的不间断作业，终于赶在天亮前恢复了城区内所有供水，保障了广大居民的正常生活和工作。

（资料来源：https://www.163.com/dy/article/GN60R0850514AJ91.html。）

3. 始终以客户为中心

把分内服务做精，要求企业始终以客户为中心，始终关注客户的需求。以客户为中心不应只是服务宗旨，还应是一种具体的实际行动。例如，美容店工作人员可主动为等待了较长时间的客户倒上一杯水并与其聊天，安抚客户的情绪。

4. 持续提供高品质服务

把分内服务做精，要求企业能够持续为客户提供高品质服务。为客户提供一次甚至一年的高品质服务不难，但是只有提供长期的、始终如一的高品质服务，才能算得上把服务做精。

（二）把额外服务做足

额外服务是指那些意料之外的服务，通常包括增值服务、定制服务和体验服务。

1. 增值服务

增值服务是指超越常规的服务。现在各个企业提供的各种增值服务一般属于额外服务。企业不仅要提供规定外的服务，自觉使服务无限延伸，超越客户需求，还要在服务过程中充分发挥主动性和积极性，增强工作投入感和责任感，使客户深切感受到无微不至的关怀，努力与客户建立友好、融洽的关系。

值得注意的是，增值服务一定要在企业力所能及的范围内，避免做出不切实际的承诺或行动。

案例链接

纽约瑰丽酒店以其高雅氛围和顶级设施著称。该酒店特别注重康乐服务，其亮点包括豪华水疗中心、装饰充分体现艺术风格的美发沙龙，以及提供专业指导的私人健身教练。在纽约瑰丽酒店，客户不仅可以在获过奖的水疗和健身中心获得身心放松，还能接受康乐专家的定制化服务。这些特色服务和设施展示了酒店对于提升客户康乐体验的承诺，使其成为城市中理想的休闲目的地。

2. 定制服务

定制服务是指企业根据客户的特殊需求为其提供的产品或服务。一般情况下，企业的产品或服务是针对有同样需求的一类客户设计的，有可能无法满足某些客户的特殊需求。尽管某些客户存在特殊需求，但他们往往不会对企业提供这样的个性化服务抱有预期，即他们不会因为企业不提供个性化的服务而感到不满意。在这种情况下，企业如果能够满足客户的特殊需求，为其提供定制服务，则可以进一步提高客户满意度。例如，酒店可以为客户个性化定制早餐时间，以适应他们的日程安排。这样的个性化服务可以让客户感受到酒店对他们的关心和尊重。对于一些重要的场合，酒店可以提供个性化的餐饮服务。例如，客户在酒店庆祝生日，酒店可以根据客户的要求提供特别定制的生日蛋糕和菜单。这样的个性化服务可以让客户感受到酒店对他们的重视。

3. 体验服务

体验服务作为一种新的服务理念，是指企业以提升客户体验为出发点，注重在售前、售中、售后等各个阶段与客户的每一次接触，有目的地向客户传递企业产品或服务信息，以实现与客户的良好互动，从而提高客户的感知价值。例如，某游戏企业在发布新游戏前会进行内测，即邀请一定数量的玩家提前体验这款新游戏，然后根据这些玩家反馈的意见优化游戏，从而在游戏正式发布后，让玩家获得更好的游戏体验感。

案例链接

落实高品质服务，提升客户满意度

为深入贯彻落实"以人民为中心"的发展思想，切实推进"我为群众办实事"党史学习教育实践活动，中国联通召开全国服务攻坚工作会议，开展"落实高品质服务，提升客户满意度"专项行动，督促全员全专业做好客户服务，实现客户价值和企业价值双提升，推动公司高质量发展。

本次专项行动依托"三个一切再行动——服务文化季""服务体验再升级——客户口碑提升"两项活动，全面推进网络、业务、服务、社会责任四大类服务再升级重点任务。

一、千兆网络再升级，全面优化客户用网体验

中国联通强化5G网络覆盖，增加基站数，扩大覆盖地域；优化客户的5G体验，确保5G覆盖区域客户上网不卡顿。中国联通还承诺做到宽带网速与签约速率一致；持续改善网络故障，积极回应、及时处理客户投诉，全方位提升客户在网络方面的感知价值。

二、"明白消费"再升级，完善机制及时响应

为真正解决客户在消费过程中的痛点和难点，中国联通面向全网客户，规范业务宣传，进一步完善业务办理、消费提醒等机制，让客户"轻松办理，明白消费"。

三、服务承诺再升级，全力打造高品质服务

中国联通对营业厅、客服热线、中国联通App、家庭宽带等存在的问题再次进行服务升级。例如，提升中国联通App使用的便捷度，提高线上办理的成功率，完善客服热线人工服务工作机制和问题解决回应机制，提高工程师的业务能力与服务效率，提升各环节服务体验。

四、社会责任再升级，持续推动高质量发展

中国联通致力于用心打造智慧、亲和、有温度的服务体验，持续投身于公益事业，聆听客户心声，不断丰富"银发无忧，智慧助老""为爱在线，暖心助残"等服务内容，推动企业高质量发展。

（资料来源：https://baijiahao.baidu.com/s?id=17155765569509040361&wfr=spider&for=pc。）

主要术语

1. 客户期望值

客户期望值是指客户对某一产品或服务提供商能够为自己解决问题或提供解决方案的能力的预期。具体来说,客户期望值是客户希望企业提供的产品或服务能满足其需要的水平。

2. 客户感知价值

客户感知价值是指客户在购买或使用产品或服务过程中所感受到的实际价值。客户感知价值体现的是客户对企业提供的产品或服务所具有价值的主观认知,区别于产品或服务的客观价值。

任务小结

提高客户满意度是企业销售管理与服务的重要目标。企业要想提高客户满意度,就要找到提高客户满意度的策略和方法,制订并实施客户满意度提高计划,同时,还要注重改进,即对提高客户满意度计划的执行进行监控与改进。客户满意度研究可以提供大量关于客户需求、市场趋势的信息,帮助酒店调整发展战略、优化资源配置、改进产品与服务。这些信息对企业决策具有重要的指导意义,有助于企业紧跟市场步伐,保持竞争优势。

训练题

一、自测题

1. 把握客户期望值的做法有( )。

A. 明确客户期望值　　B. 设定客户期望值

C. 降低客户期望值　　D. 适当把握客户期望值

2. 以下关于提高客户满意度的做法中,不正确的是( )。

A. 把分内服务做精　　B. 把额外服务做足

C. 做好客户的增值服务　　D. 想尽一切办法满足客户的个性化需求

二、讨论题

1. 设定客户期望值的方法有哪些?

2. 酒店应如何提高客户感知价值?

三、案例分析题

等餐的惊喜

许多餐馆都设定了上菜时间限制,以确保客户获得良好的用餐体验。

例如，西贝承诺25分钟内上齐一桌好菜，如果超时未上齐，将赠送两杯酸奶；食在不一样规定30分钟内将菜品上齐，超时未上齐的菜品免单；荣先森也规定当出现30分钟内未上齐菜品时，为客户赠送招牌四果汤一份。

请你试着分析餐馆为什么要这么做？

任务三　酒店客户满意度的评价

 案例导入

某高校学生赵某在2021年12月对北京环球度假区附近的6家酒店进行了客户满意度调查，并在一次客户关系管理交流会上分享了他的调查结果。

调查结果显示，2021年，北京市通州区酒店消费者满意度平均分为82.1分，因但北京环球度假区附近的6家酒店中只有2家的得分勉强超过平均分，且这6家酒店都或多或少存在一些问题，使客户感到不满意。

在环境设施方面，有3家酒店的无障碍通道不畅通；有2家酒店的房门关闭后不会自动上锁。此外，还有酒店地面有斜坡，但没有放置写有"谨防摔倒"字样的安全提示牌。

在服务细节方面，有1家酒店不能为客户提供加被子服务及简单的应急服务；有3家酒店不主动为客户开具发票；有几家酒店还存在不收现金、不主动退押金等问题。

在退房方面，有1家酒店在12点之前就有工作人员不断催促客户退房；剩余的5家酒店只有会员才可以延迟至下午2点退房。

在其他方面，有2家酒店有"霸王条款"，如早餐券上印有"酒店保留此券使用的最终解释权""解释权归酒店所有"等条款。

此外，这6家酒店均存在通过不同渠道（如酒店前台、酒店客服电话和订房App）订房"同房不同价"的问题。

请思考：为什么要对客户满意度进行调查？我们应该如何调查客户满意度？

一、评价客户满意度的意义

客户满意度对建立长久的客户关系是至关重要的。因此，企业需要了解怎样才能让客户满意,以保持利润持续增长和扩大市场份额。评价客户满意度是企业了解客户满意度水平及客户感到不满的原因的重要手段,对企业的经营管理具有重要意义。

(一)确定影响客户满意度的关键决定因素

通过评价客户满意度,企业可以与客户加强联系,从客户的意见和建议中寻找解决客户不满的办法,发现提升产品或服务质量的机会,进一步改善自身的产品或服务的质量,不断为客户提供优质的服务,最终达到提高客户满意度的目的。

(二)提高企业抵御市场风险的能力

通过评价客户满意度,企业可以了解这个瞬息万变的市场,发现自身在经营过程中存在的不足,然后对自身的经营发展有一个直观和准确的判断,为今后经营决策的制定提供依据,进一步提高企业自身的声誉和抵御市场风险的能力。

(三)提升企业形象

在进行客户满意度评价后,客户满意度较高的企业会不断提高产品或服务的质量,以保持企业的良好形象;客户满意度较低的企业则会加大各方面的改革力度,不断改善产品或服务的质量,以提升企业的形象。

(四)让企业更好地理解并满足客户需求

随着生产力水平和人们物质文化需求的日渐提高,客户对产品或服务的需求从寻求满足最基本需求发展到追求个性化需求。通过评价客户满意度,企业可以更好地认识到客户对产品或服务的评价,从而发现问题,找出原因,进而改善产品或服务以满足客户的个性化需求。

(五)预测社会经济的发展趋势

通过分析客户满意度,企业可以了解整个行业的客户满意度,进而预测社会经济的发展趋势。

二、评价客户满意度的方式

赢得客户满意是企业的制胜法宝之一。满意度高的客户往往会变成忠诚客户。影响客户对企业产品或服务满意度的因素有很多,从而形成了一系列衡量客户满意度的方式。一般可以通过以下三种方式对客户满意度进行衡量。

(一)直接衡量法

直接衡量法是指通过直接询问的方式进行衡量,一般是通过一个五级满意度量表，采用"请按下面的量度说出你对某项产品或服务的满意程度（非常不满意、不满意、一般、满意和非常满意；其中，100分表示非常满意，0分表示非常不满意）"的提问方式，了解客户对影响满意度因素的看法；同时还要求受访者评价他们期望得到什么样的产品或服务。实际上，这是从客户目前得到的产品或服务中引申出客户对现有产品或服务的不满意之处。

（二）间接衡量法

间接衡量法就是要求受访者罗列出在接受产品或服务时出现的问题和希望改进的措施，并且要求受访者按重要性的不同进行排列。受访者要对每个要素的表现做出评价，以帮助企业了解其是否在一些重要的方面表现不佳，或在一些相对不重要的方面投入过多。

（三）综合法

综合法是指通过直接衡量法得出客户对某项指标的满意程度，结合通过间接衡量法得到的各因素的重要程度，采用国际上通用的重要性推导模型，利用象限分析法了解客户目前的满意情况，以此为依据指导企业改进、提升。

三、收集客户满意度数据的方法

调查法是应用极为普遍的数据收集方法，大多数客户满意度衡量工作都是通过调查进行的。调查的形式可以是书面的或口头的问卷、电话或面对面的访谈、专题小组，以及拦截式访问等。

（一）问卷调查法

问卷调查法通常包含很多问题的陈述，需要被调查者根据预设的表格选择相应答案，但有些则允许被调查者以开放的形式回答，从而更深入地了解他们的想法。这两种方法都很管用，都能够提供关于客户满意水平的有价值的信息。问卷调查法有助于客户从自身利益出发来评估企业的服务质量等。

1.调查方案的设计

调查员可以设计多种方案进行调查，其中的关键是使接受调查的人觉得"轻松友好"，问题容易理解和容易回答。同时，不要把调查方案的篇幅做得太长，因为人们在宽泛的调查中会逐渐失去兴趣，尤其是当调查员"拦截"他们获取答复时。如果调查员采用邮寄式调查，那么这将比拦截式访问更有机会使被调查者填完篇幅较长的问卷。因为在家或在办公室时，人们有较多的可支配时间，如果接受调查的人对调查员的企业感兴趣，就会花时间协助调查员完成调查。

2.调查问题的设计

调查成功的关键之一是问题设计做到了问所必问。另外，每个问题应该只包含一个观点或属性。在设计问题时，调查员要考虑的最重要的因素是保证问题简单，每个问题只限于一个主题，然后问足够多的问题，以获得调查员希望从客户那里得到的信息。

3. 调查问题的回答

对于问题的回答可以是开放式的，也可以是封闭式的。封闭式问答往往具有量化的特征。对于每一个答案都要规定一个权重，并且无论何时何地，调查员在同一个调查中只能使用同样的权重。

（二）电话调查

要想顺利完成电话调查，需要遵循以下五点基本原则。

1. 问题简洁明了

在电话调查中，被调查者以听的方式了解调查员的问题或陈述，因此调查员应注意描述用语的通俗性。

2. 准备一个范本

向所有电话调查员提供同一个范本。这个范本的内容包括：在客户拿起电话后，调查员应该如何自我介绍、如何提出问题、如何响应客户的回答；当客户跑题时，调查员应该如何将客户引回正题，如何使客户不挂断电话以完成调查，以及如何感谢客户提供的帮助。必须确保该范本为所有调查员所遵循，唯有如此，才能确保数据的客观性。

3. 流程易操作性

调查员必须能够迅速记下客户对问题的回答，并能够紧接着进入下一个问题。调查员必须准确记录客户的回答，避免把答案放错位置，当作另一个问题的答案。

4. 培训调查员

培训调查员是指让调查员善于接触客户，并得到客户如实的回答。

5. 感谢客户

调查之初，当客户同意接受调查时，调查员就应该对客户表示感谢；在调查过程中，在询问了几个问题之后，调查员也应该对客户表示感谢；在调查结束后，调查员更应该对客户表示感谢。

（三）专题小组

专题小组式的市场调查在实践中有广泛的应用，但其价值受制于特定小组的特定参加者。因此，为了使专题小组获得的资料更有效、信息更充分，专题小组应欢迎从全国各地不同区域选出的各种不同的客户参与。因为不同的客户有不同的购买习惯，其对服务质量的看法和满意水平也不尽相同。

（四）面访

面访包括入户访问和拦截式访问。入户访问的要求比较高，要求知道客户的住址，另外，其访问成本也是最高的。拦截式访问是指当客户进入或离开一个商业区域时，调查员拦住客户，并询问客户问题。拦截法可以是书面调查，也可以是口头访谈，或二者兼而有之。拦截式访问成本较低，且可以控制。

（五）其他方法

其他方法包括座谈会、客户投诉文件分析等定性分析法。

四、建立客户满意度评价体系

建立客户满意度评价体系是客户满意度评价的核心部分，在很大程度上决定了评价结果的有效性、可靠性。客户满意度测评指标中的客户期望、客户对质量的感知、客户对价值的感知、客户抱怨和客户忠诚变量等均不可以直接测评，需要逐级展开，直到形成一系列可以直接测评的指标，这些逐级展开的测评指标的有机组合就构成了客户满意度评价体系。

（一）客户满意度评价体系的结构

客户满意度评价体系是一个多指标的结构，运用层次化结构设定评价指标，能够由表及里、深入且清晰地表述客户满意度评价体系的内涵。

客户满意度评价体系一般可划分为四个层次。每一层次的测评指标都是由上一层次的测评指标展开的，而上一层次的测评指标则是通过下一层次的测评指标的测评结果反映出来的。

（1）客户满意度指数。这是总的测评目标，为一级指标，即第一层次。

（2）客户期望、客户对质量的感知、客户对价值的感知、客户满意度、客户抱怨和客户忠诚六大要素是二级指标，即第二层次。

（3）根据不同的产品、服务、企业或行业的特点，可将六大要素细分为具体的三级指标，即第三层次。例如，可以将客户对质量的感知指标分为客户对产品（或服务）质量的总体评价、客户对产品（或服务）质量满足需求程度的评价和客户对产品（或服务）质量可靠性的评价这三个三级指标。

（4）三级指标可以具体转化为调查问卷上的问题，以作为评价体系的四级指标，即第四层次。

客户满意度评价体系具体见表4-1。

表 4-1 客户满意度评价体系

一级指标	二级指标	三级指标
客户满意度指数	客户期望	(1)客户对产品(或服务)质量的总体期望。 (2)客户对产品(或服务)质量满足需求程度的期望。 (3)客户对产品(或服务)质量稳定性的期望
	客户对质量的感知	(1)客户对产品(或服务)质量的总体评价。 (2)客户对产品(或服务)质量满足需求程度的评价。 (3)客户对产品(或服务)质量可靠性的评价
	客户对价值的感知	(1)给定价格时客户对质量级别的评价。 (2)给定质量时客户对价格级别的评价。 (3)客户对总成本的感知。 (4)客户对总价值的感知
	客户满意度	(1)客户的总体满意度。 (2)客户对产品(或服务)的感知价值与期望值的比较
	客户抱怨	(1)客户抱怨。 (2)客户投诉情况
	客户忠诚	(1)客户复购情况。 (2)客户支持参与企业营销活动情况

(二)客户满意度测评问卷的设计

客户满意度测评问卷是根据客户满意度评价体系中的三级测评指标设计的。在设计客户满意度测评问卷时,不仅要符合问卷设计的原则和要求,还要考虑被测评的产品或服务的本质特征,以及客户的消费心理和行为特征,以将相关测评指标转化为问卷上的问题。但要注意,问卷上的问题必须易于回答,而且不宜太长,20—30个问题最为适合。

下面列举一些常见的问题。

(1) 开发票是否准确、迅速?

(2) 供货时间是否准确?

(3) 客户记录是否准确?

(4) 销售人员的专业知识和技能如何?

(5) 技术支持人员和后勤保障人员的服务意愿和技能如何?

(6) 企业服务电话是否容易接通?

(7) 客户等候服务的时间是否过长?

(8) 营业时间和地点的安排是否方便?

(9) 销售人员或开发票、送货的有关人员的举止仪表是否符合职业规范?

（10）企业员工有无不礼貌的言行举止？

（11）有关人员对企业服务项目的介绍是否准确、及时？

（12）有关人员对企业的销售政策的传达是否及时？

（13）企业是否满足了客户的特殊要求？

（14）企业员工是否给客户以充分的关注？

（15）销售人员或开票人员对经常光顾的客户熟悉吗？

（16）客户有被企业人员欺骗的情况吗？

（17）客户的档案资料有被泄露的情况吗？

（18）产品故障是在购买后多长时间出现的？

（19）产品维修的频率如何？

（20）客户多长时间光顾一次本企业？

主要术语

1. 直接衡量法

直接衡量法通过直接询问的方式进行衡量。

2. 间接衡量法

间接衡量法就是要求受访者罗列出在接受产品或服务时出现的问题和希望改进的措施，并且要求受访者按重要性的不同进行排列。

3. 综合法

综合法是指通过直接衡量法得出客户对某项指标的满意程度，结合通过间接衡量法得到的各因素的重要程度，采用国际上通用的重要性推导模型，利用象限分析法了解客户目前的满意情况，以此作为依据指导企业采取一定的改进措施。

4. 客户满意度的衡量指标

客户满意度的衡量指标指用于测评客户满意程度的一组项目因素。

任务小结

建立客户满意度评价体系是客户满意度评价的核心部分，在很大程度上决定了评价结果的有效性、可靠性。客户满意度测评指标中的客户期望、客户对质量的感知、客户对价值的感知、客户抱怨和客户忠诚变量等均不可以直接测评，需要逐级展开，直到形成一系列可以直接测评的指标，这些逐级展开的测评指标的有机组合就构成了客户满意度评价体系。

训练题

一、自测题

1. 以下不属于客户满意度的衡量方式的是？（　　）

A. 直接衡量法

B. 间接衡量法

C. 综合法

D. 问卷调查

2. 收集客户满意度数据的方法有哪些？（　　）

A. 问卷调查法

B. 电话调查

C. 专题小组

D. 面访

二、讨论题

1. 评价客户满意度的意义是什么？
2. 设计调查问卷问题的方式有哪些？

三、案例分析题

习　惯

11月，张先生乘坐晚上9点多的飞机从深圳返回北京，并将行李办理了托运。随着飞机越飞越高，张先生感觉越来越冷，于是把空姐叫了过来。年轻的空姐面带微笑地说道："您好，请问有什么可以帮到您的？"张先生说："我觉得特别冷，有没有毛毯？请给我一条。"空姐说："好的，您稍等。"过了一会儿，空姐回来了，说道："对不起，我们的毛毯用完了。"说完，便站在一旁，一副若无其事的样子。

张先生接着说道："小姐，我确实非常冷。"空姐说道："那您的随身行李中有衣服吗？"张先生回答道："没有，我的行李都托运了。"空姐无奈地说道："那对不起，我们已经尽力了。"听到这句话，张先生感到更不舒服了。旁边的一位男乘客说："姑娘，你别在这里傻乐，倒是想想办法啊。"

张先生又问道："机舱能不能加温？"空姐很淡定地说道："我去帮您问一下。"过了一会儿，空姐回来了，说道："我们已经启动机舱加温功能了，一会儿就暖和了。"张先生开心地说道："非常感谢，不过，'一会儿'是多长时间啊？"空姐本来已经转身走了，这时又折回来，说道："大概40分钟吧。"

张先生听了很生气，也很无奈。在整个沟通过程中，这位空姐的服务态度一直很好，但她并没有提供任何有效的服务。张先生接着问道："有没有热水呢？"空姐马上说道："有，请问您是要热水还是可乐？"旁边的男乘客看不下去了，说道："人家是觉得冷，如果选可乐，你们这里有烧开的可乐吗？"空姐不慌不忙地说道："对不起，我们这里有常温的和加冰的两种，没有烧开的可乐，您要哪一种？"

张先生实在受不了了，说道："您赶紧给我倒杯热水吧！"空姐便转身去倒热水了。旁边男乘客不解地问道："你说这人怎么还问你要不要加冰的可乐呢？"张先生说道："很简单，她累了，也习惯了。现在已经晚上10点多了，她工作了整整一天，也许已经工作许多年了，听到过无数乘客的提问，然后习惯性地给出这样的回答。"

（资料来源：张红英，《客户关系管理》（第2版），上海交通大学出版社，2022年版。）

请你结合所学知识，回答以下问题：

1. 这位空姐在服务过程中的哪些行为是存在问题的？
2. 这位空姐应该如何做才能使客户感到满意？

项目五
酒店客户忠诚管理

 项目概述

在现代酒店客户关系管理活动中,酒店客户忠诚管理是客户关系管理战略形成的基础。酒店客户忠诚管理倡导以客户为中心,要求酒店客户关系管理活动必须围绕这个中心进行,关注客户对酒店的评价,追求高的客户满意度和忠诚度,这体现了对酒店客户关系管理观念的完善和发展。酒店客户忠诚管理要求酒店将客户作为酒店的一项重要的资源,对客户进行系统化的管理,借助于客户关系管理软件的应用,获取客户的相关信息,并将其作为制定酒店客户关系管理战略决策的基础。实践证明,倡导客户忠诚所形成的核心竞争力将会在酒店管理的经营活动中得以体现。

 **项目目标**

知识目标

(1) 正确认识客户忠诚管理理论。
(2) 了解不同类型的酒店客户忠诚计划。

能力目标

(1) 能有效运用客户忠诚管理的技巧。
(2) 具备制订酒店客户忠诚计划的能力。
(3) 具备灵活的应变能力、细致的观察能力、准确的语言表达能力、求新求变的创新能力等综合职业能力。

素养目标

(1) 增强爱岗敬业的意识和职业自豪感。
(2) 培养乐观、积极的职业态度和生活态度。

知识导图

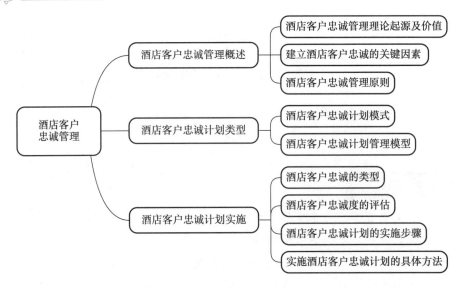

重点难点

重点：
了解不同类型的酒店客户忠诚计划。

难点：
具备针对不同客户制订酒店客户忠诚计划的创新能力。

 案例导入

在生活中，我们常听人抱怨"客户没忠诚度"，大家边抱怨，边固执己见地做着自己认为对的事情。不过将"用心，为你更好"作为品牌主张的白玉兰酒店品牌仅推出一年就收获了一大批忠实粉丝。锦江之星旅馆有限公司旗下的白玉兰酒店品牌做对了以下三件事情。

一、深度调研市场，为消费者提供预期价值

"生活品质的升级"比"消费升级"更能贴切形容现在的消费趋势。在新的消费背景下，酒店已经成为人们的第二生活场所，他们希望在酒店中能够放慢自己的脚步，感受不一样的产品和服务，不论是文化氛围、智能科技，还是娱乐休闲。在将洞悉消费者对生活品质追求的趋势变化作为重要课题进行研究后，秉持"发展品牌，品质先行"理念的锦江之星旅馆有限公司重磅推出优选服务酒店品牌白玉兰，在产品研发、住宿场景下的跨界融合、服务体验,以及营销手段上进行了全方位的创新和变革,提炼出"两个率先,两个打造":率先提出优选服务概念,率先推出行业首对IP人物形象;打造赋能跨界的产品形象,打造体现"灵动空间"设计语言的"城市会客厅",形成自己独特的品牌印记,在业内独树一帜。

白玉兰酒店品牌海报诠释了灵动空间设计语言、IP人物形象、品牌调性,体现了"用心,为你更好"的品牌主张,见图5-1。

图5-1　白玉兰酒店品牌海报

相较于早先的经济型酒店业态,白玉兰品牌作为锦江之星转型升级的产物,不仅在产品和服务等各方面都有了相应的升级,还着力突出当地特色。以白玉兰日喀则扎什伦布寺酒店为例,其作为目前白玉兰酒店各门店中海拔最高的一家,在内部装潢上,除了大厅、房间内醒目的白玉兰花以及上海地标建筑照片装饰,还大量增加了西藏民俗元素,其服务员也统一身着传统藏服,力求让住店客户感受不一样的藏地风情。

二、以更易感知的方式传递价值,形成用户认知

温度既体现在酒店的服务上,也体现在住宿科技的创新上,还体现在酒店对于品牌理念的诠释方式上。酒店可以通过赋予品牌独特的人格魅力和认同感,吸引有着共同兴趣标签的群体,并给予他们强烈的认同感和参与感,使他们成为品牌的忠实粉丝。

在品牌前期市场宣发和概念推广过程中,白玉兰酒店突破传统酒店行业单一营销及品牌推广模式,充分考虑到消费者的行为习惯,以其更易感知的方式进行价值传递。以"玉先生和兰小姐"为例,它们作为酒店行业首对独立IP人物形象,架起了时尚潮流与品牌文化间的桥梁。白玉兰酒店以人格化的IP形象,对精致、时尚、具有幸福仪式感的品牌精神进行了良好的诠释。

白玉兰酒店还总结提出"三个赋能"的住宿场景新概念，包括：赋能文化，让每一家白玉兰酒店都拥有"一城一店一品"的地域特色文化，提升酒店的人文气质；赋能跨界，在深度洞察了目标消费者需求、匹配了品牌彼此之间的契合度、确认了合作场景之后，持续与各大流量IP联动，让跨界融合成为白玉兰的品牌创新驱动力和品牌符号；赋能空间，让酒店大堂不再仅仅是大堂，而是释放出"灵动空间"更多的可能性，解决了投资人关于"坪效提升"和"整合跨界资源能力"的困惑，更加充分有效地为有限的空间赋能。

三、通过多元化的体验，与消费者结成价值共同体

通过与来自不同行业的品牌进行合作，共同构建白玉兰品牌生活圈，以酒店空间为核心，围绕娱乐、办公、社交功能，提升用户在酒店逗留期间的旅宿体验。白玉兰是强调精致生活的优选服务酒店品牌，在未来将会与更多来自其他行业的品牌进行合作，践行精致生活的酒店品牌理念。

一个成功的品牌，首先应该具备比较高的知名度，然后是受众对该品牌的内涵、个性等有较充分的了解，并且这种了解所带来的情感共鸣是积极的、正面的，最后，受众在使用了产品、认可了产品价值后，还会重复购买，成为忠诚的消费者。因此，用户体验至关重要。白玉兰酒店不仅在酒店硬件和设计风格上进行提升，还在服务细节和人文价值方面下足了功夫，以"创新多变、跨界共赢"为理念，努力让消费者获得深度体验。

这样的操作模式为白玉兰酒店赢得了亮眼的市场运营数据。白玉兰酒店（上海锦江乐园店）开业三周便实现了满房，平均房价较翻牌前锦江之星同期提高超过30%（价格涨幅超过100元）；西藏自治区开设的白玉兰酒店（拉萨火车站店）营业一周便实现了满房，白玉兰酒店（日喀则店）一开张入住率就达96%；2019年的国庆黄金周，白玉兰酒店（桂林阳朔西街店）最高平均房价达到741.49元，综合门市价达到928元。

在当下个性化消费浪潮的影响下，在审美、娱乐、社交、商业零售等方面全方位钻研用户喜好，展现产品的特性，并通过用户更容易感知的方式触达他们显得尤为重要。实践证明，白玉兰酒店已成功获取消费者"芳心"，并形成了一定的用户黏性。未来，随着白玉兰酒店市场扎根越来越深，其与消费者之间的连接将会更加紧密。

（资料来源：https://baijiahao.baidu.com/s?id=1624240039082150043&wfr=spider&for=pc。）

任务一　酒店客户忠诚管理概述

教学视频

酒店客户忠诚管理理论

对于酒店而言，客户忠诚管理是一项重要的工作。通过为客户提供个性化服务、建立客户忠诚计划、加强与客户的沟通和互动以及为客户提供优质的体验，酒店可以有效提高客户的忠诚度，实现业务增长。相关成功案例证明，客户忠诚管理对于酒店的可持续发展至关重要。酒店经营者应密切关注客户需求，不断创新和改进服务，提高客户满意度，促进酒店的长期发展。

一、酒店客户忠诚管理理论起源及价值

（一）酒店客户忠诚管理理论的起源

酒店客户忠诚管理理论与客户满意理论和市场关系理论联系紧密。社会学和心理学是客户满意理论的基础，"认可/不认可"概念的提出为满意的定义以及解释满意与信任之间的关系打下了基础；信任和忠诚都是长时间满意体验积累的结果，客户满意理论多年来的研究成果阐述了满意与信任的关系，以及满意对再购买行为和忠诚的影响。

酒店客户行为理论和市场关系理论为分析酒店客户与供应商的关系提供了一个广阔、坚实的知识背景。酒店客户忠诚概念是从酒店客户满意概念中引出的，是指酒店客户在感到满意后而产生的对某种酒店产品、服务、品牌等的信赖、维护，以及希望重复购买该酒店产品或服务的一种心理倾向。酒店客户忠诚实际上体现了一种客户行为的持续性，酒店客户忠诚度是指酒店客户忠诚于酒店的程度。

酒店客户忠诚表现为两种形式，一种是酒店客户忠诚于酒店的意愿，另一种是酒店客户忠诚于酒店的行为。而一般的酒店往往容易将这两种形式混淆，其实这二者之间具有本质的区别。前者对于酒店来说，其本身并不产生直接的价值，而后者对于酒店来说，非常具有价值。酒店客户若只有忠诚于酒店的意愿，却没有行为，这对于酒店来说是没有意义的。酒店需要做的包括：一是推动客户的"意愿"向"行为"转化；二是通过交叉销售和追加销售等途径进一步提高客户与酒店的交易频率。

（二）酒店客户忠诚管理的价值

酒店客户忠诚管理的价值主要体现在以下几个方面。

1. 客户忠诚管理能够显著降低酒店营销成本

根据"二八定律",80%的利润来自20%的重要客户。牢牢抓住这部分消费者对于企业而言,具有非同寻常的意义。酒店通过培养忠诚客户,可以减少对新客户的营销投入,因为老客户的重复消费能够带来稳定的收入。

2. 客户忠诚管理有助于提升客户体验感,提高客户满意度

酒店通过提供优质的客户服务、舒适的住宿环境和个性化的服务,满足客户的需求,甚至超出他们的期望。这种对客户的关心和重视,能够提高客户的忠诚度,使他们更愿意选择该酒店进行消费。

3. 客户忠诚管理能够帮助酒店建立完善的客户信息库

通过收集和分析客户的消费数据,酒店可以更好地了解客户需求,提供定制化的服务,从而提高客户的满意度和忠诚度。

4. 客户忠诚管理对于酒店的品牌建设和市场竞争力的提升有重要影响

通过提供优质的服务和个性化的体验,酒店能够树立良好的品牌形象,吸引更多的客户,并在激烈的市场竞争中脱颖而出。

(三)酒店客户忠诚管理的内涵

酒店客户忠诚是酒店客户对酒店的产品或服务的依恋的情感,它主要通过客户的情感忠诚、行为忠诚和意识忠诚表现出来。其中,情感忠诚表现为客户对酒店的理念、行为和视觉形象的高度认同和满意;行为忠诚表现为客户对酒店的产品和服务的重复购买行为;意识忠诚则表现为客户做出的对酒店的产品和服务的未来消费意向。由情感、行为和意识三个方面组成的酒店客户忠诚理论,注重对酒店客户行为趋势的评价,通过这种评价活动的开展,反映酒店在未来经营活动中的竞争优势。

酒店在经营活动中,由客户忠诚带来的竞争优势的具体表现包括以下内容。

(1)酒店客户忠诚体现了消费者在做出购买决策时,多次表现出来的对酒店产品、服务和品牌的偏向性选择。

(2)忠诚的酒店客户是酒店最有价值的客户。

(3)酒店客户忠诚度的小幅度提高会导致利润额的大幅度增加。

酒店客户忠诚理论的关心点是利润。建立酒店客户忠诚是实现持续的利润增长的最有效方法。酒店必须把做交易的观念转化为与消费者建立关系的观念,从仅仅集中于对消费者的争取和征服,转为集中培养消费者的持久忠诚。

二、建立酒店客户忠诚的关键因素

建立酒店客户忠诚的关键因素主要包括服务质量、客户满意度、信任关系和转换成本。这些因素共同作用，影响着客户的忠诚度，从而决定客户是否会继续选择该酒店进行消费。

（一）服务质量

酒店应提供超出客户期望的服务，如快速入住、舒适的客房、多样的早餐等。这些服务环节的优化能够创造峰值体验，提高客户的满意度和忠诚度。

（二）客户满意度

客户的满意度取决于他们对服务的期望与实际体验之间的差距。如果服务超出了客户的预期，他们就会感到非常满意，从而提高忠诚度。因此，酒店需要在宣传时实事求是，认真兑现承诺，以提高客户的满意度。

（三）信任关系

酒店需要通过优质的服务和互动，与客户建立信任关系，使客户感受到被尊重和重视。这种信任关系能够促进客户对酒店的忠诚。

（四）转换成本

当客户在某家酒店有较高的转换成本时，他们更倾向于继续使用该酒店的服务，因为改变成本较高。酒店可以通过提供个性化的服务和套餐来降低客户的转换成本，从而提高其忠诚度。

三、酒店客户忠诚管理原则

酒店要想做好客户服务、提高客户忠诚度，需要遵循以下十大原则。酒店只有把握好了这些原则，才能真正地获得服务为产品带来的附加价值。

（一）提供优质的产品及合理的定价

酒店产品质量是酒店提供优质服务、提高客户忠诚度的基础。全球众多品牌产品的发展历史告诉我们，消费者对品牌的忠诚在一定意义上也可以说是对其产品质量的忠诚。只有过硬的高质量产品，才能真正在人们的心目中树立起"金字招牌"，从而受到人们的爱戴。当然仅有高质量的产品是不够的，合理地制定产品价格也是提高客户忠诚度的重要手段。酒店要以获得正常利润为定价目标，坚决摒弃追求暴利的短期行为；要尽可能地做到按客户的"预期价格"定价。所谓"预期价格"，是大多数消费者对某一产品的心理估价。如果酒店定价超出预期价格，消费者会认为其产品价格过高，从而削弱购买欲望；如果酒店定价达不到预期价格，消费者又会对产品的性能产生怀疑，进而放弃购买。

(二)创造多元化的酒店产品

酒店应要求服务人员充分地了解酒店的产品,围绕产品的知识和相关的服务对服务人员进行培训,从而让酒店赢得客户的信赖。同时,服务人员应该主动地了解酒店的产品、服务和所有折扣信息,并对客户可能会提出的问题进行预测,提前想好应对话语。

(三)加强与客户的沟通

酒店应该尽可能地了解相关客户的情况,这样就可以为他们提供最符合他们需求和消费习惯的产品和服务。酒店应加强与客户的沟通,倾听他们的声音,这样就不难找到使他们不满的根源所在。当客户与服务提供者相互了解后,如酒店了解客户的服务预期和接受服务的方式等,服务过程就会变得更加顺利,服务时间也会缩短,而且服务失误率也会下降。由此,酒店为每个客户提供服务的成本就会降低,酒店的利润会因此增加。

(四)提高服务质量

酒店的每位员工,都应该致力于为客户创造愉快的购买经历,并努力做得更好,超越客户的期望。经常接受酒店服务而且感到满意的客户会对酒店进行正面的宣传,而且会将酒店的服务推荐给朋友、邻居、生意上的合作伙伴或其他人。他们会成为酒店的"义务"市场推广人员。许多酒店,特别是一些小型酒店,就是靠客户的不断宣传而发展起来的。在这种情况下,新客户的获得不再需要酒店付出额外的成本,这显然又会增加酒店的利润。

(五)努力提高客户满意度

客户满意度在一定意义上是衡量酒店经营质量的指标。通过客户满意度调查、与客户面谈等,酒店可以真实地了解客户最需要的是什么、什么是对他们最有价值的,从而得到引导客户从酒店提供的服务中形成这些认知的最好的做法。但是,除了销售活动、售后服务和酒店文化等因素,客户满意度的高低还会受法律等其他一些强制性约束条件的影响。对于那些由于心理特性和社会行为方式而背离曾经忠诚过的酒店的客户,放弃这些客户无疑是酒店的最佳选择。从这个意义上讲,酒店应该尽可能地提高客户满意度,而非不惜一切代价获得全面的甚至极端的客户满意。

(六)努力超越客户期待

酒店不应该拘泥于基本和可预见的服务水平,而是应该向客户提供他们渴望的甚至是会让他们产生意外惊喜的服务。酒店应该在行业中确定"常规",然后寻找常规以外的机会,给予客户超出"正常需要"的更多的选择。也许这些做法会被酒店的竞争对手效仿,但酒店只要持续改进,就一定不会落于人后。

(七)满足客户个性化要求

通常酒店会按照自己的想象预测目标消费者的行动。事实上,所有关于客户人口统计和心理方面的信息都具有局限性,而且预测模型软件也具有局限性。因此,酒店必须改变大众营销的思路,注意满足客户的个性化要求。酒店要想要做到这些,就必须尽量占有客户知识,利用各种可以利用的机会来获得更全面的客户情况,包括分析客户的语言和行为。如果酒店没有做到持续地了解客户,或者未能把所获得的客户知识融入执行方案,酒店就无法利用所获得的客户知识形成引人瞩目的产品或服务。

(八)积极处理客户问题

酒店要想与客户建立长期的相互信任的伙伴关系,就要善于处理客户的抱怨或异议。相关研究显示,通常在25个不满意的客户中只有1个人会去投诉,其他24个客户则悄悄地转向选择其他酒店的产品或服务[①]。因此,有条件的酒店应尽力鼓励客户提出抱怨,再设法解决客户遇到的问题。

当然,客户满意并不等于客户忠诚。不满意的消费者并不一定会抱怨,也许只是转向选择其他酒店。但是,客户忠诚的获得必须有一个最低的客户满意度作为基础。客户的抱怨可以成为酒店建立和改善业务的最好路标。客户能指出酒店的系统在什么地方出了问题,哪里是薄弱环节;客户能告诉酒店产品在哪些方面不能满足他们的期望,或者酒店的哪些工作没有起色;同样,客户也能指出酒店的竞争对手的优势,或酒店员工在哪些地方落后于人,这些是酒店须给咨询师付费才能获得的内容和结论,而善于利用这些资源的酒店则由此获得了一笔免费的财富。

(九)制定标准、高效的服务程序

无论在电商平台上、网站上还是在酒店的商品目录上,酒店的购买程序越简单越好。酒店应制定标准、高效的服务流程,简化一切不必要的步骤,帮助酒店客户找到他们需要的产品,解释相关产品的性能,简而言之,就是去做任何能够简化交易过程的事情。

(十)重视服务内部客户

内部客户是指酒店的雇员。每个员工或者员工群体都构成了对外部客户供给循环的一部分。如果内部客户没有达到相应的服务水平,无法以最高的效率进行工作,那么外部客户所接受的服务就会受到不良影响,这必然会引起外部客户的不满甚至

---

① 庄谐.客户投诉怎么影响你?[J].品质,2006(9).

使酒店丧失外部客户的忠诚。如果酒店对这一问题不给予足够的重视，势必会导致客户忠诚度较低、客户流失率较高，最终导致酒店盈利能力降低。

主要术语

酒店客户忠诚，是指酒店客户在感到满意后而产生的对某种酒店产品、服务、品牌等的信赖、维护，以及希望重复购买该酒店产品或服务的一种心理倾向。

任务小结

酒店客户忠诚是指酒店客户对酒店的产品或服务所产生的依恋或爱慕的感情，它主要通过客户的情感忠诚、行为忠诚和意识忠诚表现出来。在进行酒店客户忠诚管理时，酒店应准确把握建立客户忠诚的关键因素，并遵循相关的原则。

训练题

一、自测题

1. 酒店客户忠诚的含义是什么？
2. 提升酒店客户忠诚度的方法有哪些？
3. 酒店客户忠诚的要素有哪些？

二、讨论题

1. 提升酒店客户忠诚度的原则有哪些？
2. 酒店客户忠诚的内涵是什么？

三、实践题

康拉德·希尔顿曾说过，只要每年有十分之一的老客户光顾，饭店就会永远客满。这句话充分体现了客户忠诚的价值。

何为"客户忠诚"呢？通俗来讲，客户忠诚就是指消费者对之前所达成的满意消费经验的一种再消费意愿或行为。一旦消费者对某种产品或服务产生忠诚，在以后的时间里该消费者仍将信任该产品或服务的表现，甚至自愿为该产品或服务进行积极的义务宣传。

（一）完善客户数据，建立客户信息库

酒店业作为服务业的典型，每天要接待来自世界各地的客户，酒店若是能做到发现并留住具有消费能力的回头客，就能创造稳定收入。这种行业的固有特性决定了在酒店业实施客户关系管理有别于其他行业，比起市场营销，关注客户服务显得更为重要。

卓越的客户服务建立在对客户认知的基础上。酒店一线员工可以通过合理利用客户信息库提供的资料，让客户获得被重视的感觉。酒店管理者若是能从宏观角度形成对客户的认知，便能在酒店经营方针方面做出更好的决策。为此，酒店要从多种渠道收集客户数据资料，建立并完善客户信息库。

（二）提升客户体验，正确处理客户投诉

对客户投诉进行正确处理，将对维护酒店声誉、稳定和拓展客源市场具有非常重要的作用。据统计，客户在获得了一次不满意的体验后，会向26个人提起。若是客户的投诉得到满意、快捷的处理，他们中95%的人会成为回头客[①]。因此，投诉过的客户比没有进行投诉的客户更容易成为酒店的忠诚客户。

当遇到客户投诉时，酒店工作人员首先要注意倾听，安抚客户的情绪，详细记录客户投诉的问题，在认真思考后，给出至少两种解决方案供客户选择，直到客户满意为止。

（三）培养员工服务技能，树立客户至上的观念

酒店员工要充分意识到：不能因为自己而使酒店形象受损，而是应该通过自己的优质服务，获得客户的好感，最终提升酒店的服务水准，并提高酒店客户的忠诚度。

与此同时，人性化的服务和客户至上的观念还可以弥补酒店在硬件方面的不足。因此，高超的服务水平是酒店工作人员满足客户需求的坚实基础，增强酒店员工服务意识并提升其服务技能，是提高客户忠诚度的有效保证。

（四）个性化的邮件营销方式

在不同场景下，酒店应该以客户价值为基础推送定制化的邮件信息。就预订渠道而言，酒店可以加强与通过OTA渠道进行预订的用户的沟通，以此来提升客户在下次选择直订方式的可能性。此外，商务旅客对客房升级的需求可能高于休闲旅客，酒店在与前者沟通时可以谈及这些要素。细分邮件能够帮助酒店积累更多个性化的用户信息，同时提高用户的反馈率。

酒店在进行客户忠诚度的考量时，不仅要看会员的整体数量，还要看活跃会员的数量。酒店集团在制订会员忠诚计划时，要综合考虑以下几个要素：一是酒店集团在全球经营的酒店的数量要足够多，酒店的地理分布

---

① 参考：https://www.cnblogs.com/kingreatwill/p/15492452.html。

要足够广,这样会员的选择面才广;二是要有品牌梯队,这样可以适应会员的职业成长,让会员有向上延伸消费的空间;三是会员积分价值要高,酒店集团要足够慷慨,并且要能打通航空公司等合作伙伴的积分兑换渠道。

酒店作为以客户为中心的服务型企业,盈利依然是其首要目的。优良的卫生环境、良好的硬件设施固然重要,但这并不是关键,酒店只有正确把握客户消费心理,不断提高客户对酒店的忠诚度,才能更好地生存和发展。

请你从酒店人的角度,谈谈对酒店忠诚的理解。

任务二　酒店客户忠诚计划类型

酒店客户忠诚计划,又称"常客忠诚计划",是指连锁酒店或合作酒店为消费相对频繁的客户提供的一系列购买优惠、增值服务或其他奖励方式,其目的是奖励忠诚客户、刺激消费并留住核心客户,是实施关系营销的一种重要方式。

一、酒店客户忠诚计划模式

(一)酒店独立积分计划

酒店独立积分计划是指酒店仅为客户对自己的产品和服务的消费行为以及推荐行为提供积分,在一定时间段内,根据客户的积分额度,提供不同级别的奖励。这种模式比较适合容易引起多次重复购买和提供延伸服务的酒店。

在独立积分计划中,能否建立一个丰厚的、适合目标消费群体的奖励平台,成为决定独立积分计划成败的关键因素。例如,酒店发放给客户的各种优惠卡、折扣卡都属于这种独立积分计划。

独立积分计划对于那些产品价值不高、利润并不丰厚的酒店来讲,有很多无法克服的弊端。首先是成本问题,自行开发软件、进行数据收集和分析,这些都需要相当大的成本(包括人工成本)。其次,很多独立积分计划的进入门槛较高,能够得到令人心动的奖励积分的额度过高,而且这类独立积分计划对积分有一定的时效要求。这样做虽然比较符合"80/20"法则,将更多的优惠服务于高价值的客户,也有助于培养出一批长期忠诚客户,但这样做也流失了许多消费水平没有达到标准的准高价值客户。另外,随着积分项目被越来越多的商家广泛使用,手里持有多张积分卡的客户会越来越多。这些客户在不同的商家那里出示不同的会员卡,享受相应的折扣或者积分优惠,却对每一家都谈不上忠诚。

(二)酒店联盟积分模式

酒店联盟积分,是指众多的合作酒店使用同一个积分系统,这样客户凭一张酒店联盟积分卡就可以在不同酒店积分,并尽快获得奖励。相较于酒店自己设立的积分计划的局限性,酒店联盟积分模式则更有效、更经济、更具有吸引力。

(三)酒店联名卡

酒店联名卡是非金融界的营利性公司与银行合作发行的信用卡,其主要目的是增加公司传统的销售业务量。

(四)酒店会员俱乐部

有的酒店的客户群体非常集中,单个消费者创造的利润非常高,酒店若是与消费者保持密切的联系,将非常有利于酒店业务的扩展。酒店往往会采取会员俱乐部计划与消费者进行更加深入的交流,能赋予忠诚计划更多的情感因素,这种忠诚计划比单纯的积分计划更便于沟通。

作为忠诚计划的一种相对高级的形式,会员俱乐部首先是一个酒店客户关怀和客户活动中心,但已经朝着酒店客户价值创造中心转化。而客户价值的创造会产生能动作用,使客户对酒店更加忠诚。

会员俱乐部可为酒店带来综合性的效果,包括:链式销售,即由客户向周围人群推荐所带来的销售;互动交流、改进产品,即通过互动式的沟通和交流,收集客户的意见和建议,从而有效地改进设计、完善产品。

二、酒店客户忠诚计划管理模型

酒店客户忠诚计划管理模型包括四个部分:酒店客户色彩、酒店客户结构、酒店客户生命周期、酒店客户消费品类。

(一)酒店客户色彩

酒店客户色彩是指客户在做选择时的判断模式,或是主要依靠理性的分析,或是主要依靠感性,体现了客户的性格特点。

理性客户,更关注的是产品价值,在意选择了酒店的项目或产品之后,对自身的好处有哪些。这时候就需要服务人员具备丰富的专业知识储备,为客户进行清晰、有效的介绍,同时帮客户分析利弊,做出选择。

感性客户,更在意的是内心感受,需要服务人员具备更强的沟通能力,只要与客户建立了信任关系,服务人员甚至不需要对项目进行过多描述,客户会为信任关系"买单"。

在威廉·巴雷特的《非理性的人》(*Irrational Man*)中有这样的论述：不论是感性的人还是理性的人，他们在做出最后的选择和判断时，依靠的都是内心的偏好，而这种偏好体现为人们的感性行为。所以，不论对于哪种类型的客户，服务人员都要注重与其建立信任关系。

了解酒店客户色彩意义有助于酒店工作人员学会根据客户的不同偏好，选择沟通中的内容重点，最终的目的是让客户感到满意。

(二)酒店客户结构

人的精力都是有限的。在工作方面，围绕在有限的时间内创造更大的价值，我们可以从重要和紧急两个角度，分出二维四象限。

在客户管理方面也是一样，我们应该做到在精力有限的情况下，服务好最优质的客户。因此，我们可以根据客户的消费总金额、消费总频次、最近一次消费的时间间隔这三个方面，对客户进行三维八象限分类，如表5-1所示。

表5-1 酒店客户结构

消费总金额	消费总频次	最近一次消费的时间间隔	客户类型
↑	↑	↑	重要价值客户
↑	↑	↓	重要保持客户
↑	↓	↑	重要发展客户
↑	↓	↓	重要挽留客户
↓	↑	↑	一般价值客户
↓	↑	↓	一般保持客户
↓	↓	↑	一般发展客户
↓	↓	↓	一般挽留客户

了解了酒店客户结构，服务人员就可以根据自身掌握的客户资源进行分析，合理地分配工作时间，提高工作效率。

(三)酒店客户生命周期

一般来说，酒店大都希望把所有的客户发展为忠诚客户。酒店可以利用客户生命周期了解到，在客户发生消费之后，每个时期该如何为客户服务，把新客户变成老客户，并进一步将其转变成忠诚客户。从客户消费时间节点开始算起，客户通常会经历以下四个时期。

1. 活跃期

活跃期是指客户消费后的30—45天，在这个时期，客户因为接受服务不久，会不定期向服务人员继续询问服务相关问题。其间，服务人员应注重保持与客户的联系，及时解决客户的疑问，安抚客户的情绪，同时可以适当地进行服务的搭配介绍，推销应做到有度。

2. 沉默期

沉默期是指客户消费后的45—90天，在这一时期，客户基本不再主动与服务人员联系。其间，服务人员应保持与客户的沟通频率，可以不时地发送关怀信息。同时，服务人员可以对客户进行少量的营销刺激，如发放代金券、开展老客户打折活动等。

3. 睡眠期

睡眠期是指客户消费后的90—180天，在这一时期，客户的流失风险增大。其间，服务人员应维持与客户之间的有限接触，避免频繁给客户打电话或者发信息，以免引起客户的厌烦情绪。同时，服务人员可以给客户推送针对性的项目特价活动信息。

4. 流失期

流失期是指客户消费后180天以上，在这一时期，客户基本上已经流失了。对于处于这一阶段的客户，服务人员要主动减少与客户之间的信息接触，将这类客户的信息归于大客服体系保有，只在大型的促销活动或是大幅度的打折活动时，由专职唤醒客服人员对这类客户进行信息推送。

了解了客户的生命周期，酒店就可以根据客户消费时间节点，合理地安排客户资源，做到为大客服体系不断注入更多的客户资源，酒店也可以为新员工提供更多的锻炼机会和学习客户维护的机会。

(四)酒店客户消费品类

一般情况下，客户在获得了3—5次满意的消费经历后，才会逐渐形成对酒店的忠诚。酒店可以对客户以往消费项目品类进行分析，并以此为依据进行针对性销售设计，来投其所好。例如，对于处于活跃期的客户，酒店应围绕项目进行全面的销售设计；对于处于流失期的客户，酒店应围绕客户偏好的项目进行销售设计。

主要术语

酒店客户忠诚计划，是指连锁酒店或合作酒店为消费相对频繁的客户提供的一系列购买优惠、增值服务或其他奖励方式，其目的是奖励忠诚客户、刺激消费并留住核心客户，是实施关系营销的一种重要方式。

任务小结

酒店客户忠诚计划管理模型包括四个部分：酒店客户色彩、酒店客户结构、酒店客户生命周期、酒店客户消费品类。

训练题

一、自测题

1. 什么是酒店客户忠诚计划？
2. 什么是酒店客户忠诚计划管理模型？
3. 酒店应如何提高客户忠诚度？

二、讨论题

1. 酒店应如何提高客户复购率和客户忠诚度？
2. 请谈谈你对客户忠诚计划管理模型的理解。

三、实践题

一次，张先生去青岛出差，入住的是当地一家有名的五星级酒店。晚上11点时，张先生去楼下点了一碗皮蛋瘦肉粥，吃到嘴里却发现粥是馊的。他对服务员说："这粥好像坏了。"服务员一声不吭地把皮蛋瘦肉粥端走了，没过多久又走到张先生面前，说道："先生，您重点一个吧。"服务员也没提及刚才那份粥是不是坏的。张先生心想，那皮蛋瘦肉大概是坏的吧，于是就提出要点一碗海鲜粥，谁料服务员答道："没粥了。"哪有那么巧？张先生心中明白，是米有问题，无论是皮蛋瘦肉粥、海鲜粥，还是三鲜粥，可能都是馊的，所以服务员才会说"没粥了"。张先生只好点了一个三明治。

回到房间，张先生写了一封信，并在第二天一大早就将信交给了酒店的总经理。张先生希望该酒店的管理人员明白：一家五星级的酒店是不能犯这种错误的。回到上海之后，酒店的回信就寄来了，上面写着这样一句话："先生，我已经把您的意见告知有关部门主管，他们正在研究改进。"此后，张先生再去青岛出差时，就选择入住其他五星级酒店了。

请你从该酒店总经理的角度，谈谈应该如何改进该酒店的客户忠诚计划？

任务三　酒店客户忠诚计划实施

为了提高酒店客户的忠诚度、增加客户价值以及推动业务增长，酒店需要制订并实施一套客户忠诚计划。

一、酒店客户忠诚的类型

（一）冲动型忠诚

冲动型忠诚是基于意向的忠诚，意为人们倾向于购买。冲动型忠诚客户的决策过程比较简单，非常容易受外在因素的影响，尤其是与价格相关的促销。对于冲动型忠诚客户来说，往往竞争对手的一个更优惠的价格促销信息就可能把这个客户吸引过去。

（二）情感型忠诚

情感型忠诚是基于偏好的忠诚，即客户因为喜欢而做出购买行为。情感型忠诚客户的决策过程主要取决于客户对于企业或企业产品的态度。一位渴望拥有哈雷摩托车的年轻人，可能会一直保持着对哈雷摩托非常强烈的购买意愿。

（三）认知型忠诚

认知型忠诚是基于信息的忠诚，认知型忠诚是理性的忠诚。认知型忠诚客户是在了解了商品的功能特征、性价比等具体信息后，做出的购买行为。他们称得上是"产品专家"，不仅了解产品的功能，还通过收集并研究各种资料来了解产品的技术特性以及产品与其竞品之间的差异性，他们甚至比产品销售人员更清楚产品的性能。他们会综合考虑各种因素，最终形成"这个产品更适合自己"的认知，从而做出忠诚的购买行为。若是市场上存在更好的产品，他们愿意花时间进行仔细研究和比较。

（四）行为型忠诚

行为型忠诚是基于行动的忠诚，客户已经形成了一种购买惯性。客户为了购买这样的产品往往需要付出努力，或是克服一定的障碍，如愿意为了购买企业发布的某个新产品而花费很长时间排队。行为型忠诚的客户，在一定程度上已经形成了购买企业产品的习惯。

二、酒店客户忠诚度的评估

酒店可以从下面几个方面来衡量客户的忠诚度。

(一)客户重复购买次数

在一定时期内,客户到某门店重复购买的次数越多,说明客户对该门店的忠诚度越高;反之,则越低。由于门店的地理位置布局、商品种类等因素也会影响客户到门店的重复购买总次数,因此在确定这一指标的合理界限时,须根据不同门店的性质进行区别对待,不可一概而论。

(二)客户购买时的挑选时间

一般来说,客户购买时的挑选时间越短,说明客户对这一门店商品品牌的忠诚度越高;反之,则说明客户对这一门店商品品牌的忠诚度越低。例如,有的客户长期喝可口可乐,并形成了偏爱,产生了高度的信任感,在需要时往往指名要买该品牌的可乐,从不在其他品牌中进行挑选。酒店在运用客户购买时的挑选时间指标时,也必须排除产品结构、用途等方面的差异产生的影响,从而得出正确的结论。

(三)客户对价格的敏感程度

对于喜爱和依赖的门店的产品,消费者对其价格变动的承受能力强,即敏感度低;而对于不喜爱和不依赖的门店的产品,消费者对其价格变动的承受能力弱,即敏感度高。酒店在运用这一标准时,要注意产品对于人们的必需程度、产品供求状况以及产品竞争程度三个因素的影响。

(四)客户对竞争门店的态度

酒店可以根据客户对某一门店的竞争门店的态度,从反面判断客户对该门店的忠诚度。如果客户对竞争门店有好感,兴趣浓,那么就说明客户对该门店的忠诚度低,购买时很有可能以前者取代后者;如果客户对竞争门店没有好感,兴趣不大,则说明客户对该门店的忠诚度高,购买指向性比较明确。

(五)客户对产品质量事故的承受能力

任何一种门店的产品都可能基于某种原因出现质量事故,即使是名牌产品也很难避免。客户若对某一品牌的忠诚度高,对其出现的质量事故会以宽容和同情的态度对待,不会因此而拒绝这一门店的产品。当然,运用这一标准衡量客户对某一门店的忠诚度时,要注意区别产品质量事故的性质,即是严重事故还是一般性事故,是经常发生的事故还是偶然发生的事故,具体情况具体分析。

(六)客户增长幅度与获取率

客户增长幅度是指新增加的客户数量与现有基础客户之比。客户获取率,即最后实际成为客户的人数占所有争取过来的总人数之比。这一标准主要是用来衡量实施客户忠诚计划后带来的间接效果。

(七)客户流失率

客户流失率的历史记录能显示出最有希望的客户群体。酒店应认识到企图对那些要离开的客户进行挽留也是一种资源的浪费,对在业务上实际应该舍弃的客户进行再投资也可能会产生副作用。

三、酒店客户忠诚计划的实施步骤

(一)明确目标和客户群体

首先,酒店需要明确客户忠诚计划的目标,通常是刺激重复消费、避免客户流失,并锁定核心客户。目标客户群体通常包括频繁入住的商务人士、旅游爱好者等。

(二)选择适合的客户忠诚计划

酒店应根据自身的需求和目标客户群体,选择适合的客户忠诚计划,如积分回馈计划、储值卡等。积分回馈计划通过积分奖励刺激会员的重复消费,适合容易引起多次回购的酒店;储值卡则可以实现先储值后消费的功能,适合需要锁定客户的场景。

(三)设计与实施客户忠诚计划

酒店需要对客户忠诚计划的详细规则和奖励机制进行设计,包括积分获取方式、兑换规则、特权服务等。酒店在实施客户忠诚计划时,需要确保系统的稳定和用户界面的友好。

(四)推广与营销

酒店可以利用多种渠道推广客户忠诚计划,包括酒店官网、社交媒体、合作伙伴渠道等。酒店还可以举办一些促销活动,以吸引更多客户前来购买。

(五)持续优化与评估

酒店应对客户反馈的信息及相关数据进行收集,不断优化客户忠诚计划的效果。酒店可以利用CRM系统分析客户行为,并以此为依据调整运营策略,以提高客户满意度和忠诚度。

四、实施酒店客户忠诚计划的具体方法

相关研究表明,争取一名新客户的成本是留住一名老客户的成本的6倍[①]。因此,酒店一般十分重视培养自己的忠诚客户。例如,2019年初,万豪国际集团将其常客计划更名为万豪旅享家,它让常旅客计划的含义更为宽泛,更像是一个旅行计划,专注于为会员带来非凡的旅行体验。万豪为会员打造了诸多让他们难忘的美好瞬间,如"夜·灵感·万丽"蔡健雅会员专属演唱会;通过与梅赛德斯AMG马石油F1车队的合作,让会员在世界一级方程式锦标赛中国大奖赛期间获得难得的观赛体验,会员有机会与明星车手汉密尔顿见面,在比赛当日还能乘坐赛车手瓦尔特利·博塔斯驾驶的赛车高速飞驰等。万豪力求为会员提供有关旅行的丰富灵感,并帮助他们追寻和实现个人爱好,从而建立并提高客户忠诚度。

(一)宾至如归的客户个性化服务

酒店应努力把握客户的需求,为客户提供相应的个性化服务,营造一种宾至如归的感觉,让客户在住店期间感受到温馨、舒适、便利。

客户的需求也有一定的共性,如干净舒适的客房、热情礼貌的员工等,酒店的标准化服务是用来满足这些共性需求的。与此同时,酒店也需要看到不同客户的需求之间的差异。

酒店管理者应该注重培养员工在日常工作中以自己的常识和经验去琢磨客户需求的习惯。例如,当客户是从外地远道而来的,还打听了当地的景点时,服务人员可为其送上一张当地的地图;若客户携带婴儿入住,服务人员则可以在客户的房间加上一张婴儿床;遇到要会客的客户,服务人员可以多送上几个茶杯或者几袋茶叶,这些小举动都可以让客户感受到酒店的关怀。

(二)将客户的期望值维持在合理水平

客户对于酒店的服务评价水平取决于客户期望的酒店服务水平与客户亲身体验的酒店服务水平之间的差距。如果客户亲身体验的酒店服务水平超出了客户预期,那么客户就会对该酒店的服务感到十分满意;如果客户亲身体验的酒店服务水平低于客户预期,那么即使客观上该酒店的服务水平是不错的,客户也会对其感到不满意。

因而,酒店需要在既定的服务水平下,提高客户的满意度,充分考虑到客户的期望值。目前,我国酒店在客户的期望值管理方面做得还不够,客户的期望值管理

---

① 参考:菲利普·科特勒、凯文·莱恩·凯勒,《营销管理(第15版)》,格致出版社,2016年版。

没有受到应有的重视。客户期望值的形成主要受到以下因素的影响,包括:市场沟通、酒店形象、客户口碑以及客户需求等。事实上,酒店能够直接控制的往往只有市场沟通,涉及酒店的广告宣传、公共关系维护和促销活动开展等。

市场沟通对于客户的期望值有着显而易见的影响。酒店在对外宣传产品时应实事求是,不可夸大事实,以免客户因对酒店的服务不满而进行投诉。实质上,管理客户的期望值就是要求酒店能够认真兑现其向客户所做出的每一项承诺。

(三)将"客户的声音"落实到服务中

不少酒店管理者对于客户的意见和建议,不能够做到主动聆听并妥善处理。在不少酒店管理者眼中,只要客户在住店期间没有对酒店进行投诉,就万事大吉了。实际上,并不是每一位感到不满的客户都会向酒店投诉,有时候当客户感到不满时,其会选择不声不响地转向选择其他的酒店,同时向周围的人诉说关于酒店的不满。如此一来,酒店失去的可能就不是一位不满的客户,而是一大批客户。

酒店若能够将"客户的声音"落实到服务中,就能够留住客户。具体来说,对于提出投诉的客户,酒店要认真倾听他们的抱怨,并且及时提出能够让客户满意的补救方案,给予妥善处理。丽思·卡尔顿(Ritz-Carlton)酒店曾提出"1∶10∶100"的黄金管理定理,该定理是指,如果酒店在客户提出投诉的当天对问题加以解决,所需的成本为1元,拖到第二天解决则需10元,再拖几天则可能需要100元。对于酒店所有的客户,酒店都应该想方设法地了解他们的真实感受,清楚酒店有哪些做法值得保留,哪些需要改进。这样一来,既能够体现出酒店对客户的关心和尊重,酒店也能够清楚自身在哪些方面存在不足,从而加以改进,进而将对酒店不满的客户转变为对酒店满意甚至是忠诚的客户。

(四)充分利用和管理客户信息

现代先进的信息技术,使得酒店能够对客户的信息进行优化管理。酒店可以详细记录下客户的消费喜好和禁忌、购买行为、住店行为等信息,形成一个完备的客户数据库档案。如此一来,客户再次光临的时候,酒店就能够为客户提供针对性的服务,进而提高客户对酒店的满意度和忠诚度。不少知名的酒店秉持"了解客户是维持酒店生命的血液"的理念,十分重视客户的档案管理工作。

利用酒店的计算机系统,酒店的前台人员在为客户办理入住手续的时候,就可以得知关于客户的偏好信息,如是否需要位于高楼层的景观客房等。对于每一位入住的客户,酒店都应该在系统中录入客户的个人档案,这样一来,当客户再次入住时,酒店就可以迅速从系统中调取相关资料,为客户提供满足其需要的服务。

(五)建立与客户的售后沟通关系

我国酒店在保持与客户的售后沟通关系方面做得还不够,部分酒店认为一旦客户结账离开了酒店,那么酒店与客户的关系就结束了。酒店若是在与客户结束交易之后,仍能做到持续关注客户,则会收到意想不到的效果。例如,某酒店会在客户的生日或者是重要的节日,给客户寄去酒店特制的贺卡,这一行为花费不多,却能让客户在开心的同时,加深对酒店的印象,酒店与客户之间通过贺卡这样的情感纽带紧密联系起来,客户对酒店的忠诚也因此得以巩固。

(六)进行奖励营销,刺激客户的重复购买欲望

有些酒店在制订营销计划的时候,为了刺激客户的重复购买欲望,会给予常客一些物质上的奖励,从而争取到回头客。目前酒店业和航空业广泛应用了这一奖励机制。常客计划(Frequency Program,FP),即企业采取积分制,在客户每消费一次企业的产品之后,给予客户相应的积分,当客户累积的积分达到企业给定的某个标准后,客户就可以免费兑换特定产品。可供兑换的特定产品可以是本企业的产品,也可以是相关企业的产品。例如,中国银行的某类信用卡就推出了刷卡积分兑换机票里程的活动,其兑换产品既可以是机票,也可以是某家酒店的含早餐客房,还可以是一次度假旅行。除了提供免费的产品,该活动还提供折扣产品,折扣产品的品类与免费产品相同。因此,酒店推行FP策略,既能够加强与相关企业的合作关系,也能够使自己获利,获得双赢效果。

主要术语

酒店客户忠诚度的衡量标准,主要包括客户重复购买次数、客户购买时的挑选时间、客户对价格的敏感程度、客户对竞争门店的态度、客户对产品质量事故的承受能力、客户增长幅度与获取率、客户流失率等。

任务小结

酒店应聚焦于客户忠诚的特点和评估方法,根据相关步骤和方法做好客户忠诚计划的实施。

训练题

一、自测题

1.酒店客户忠诚有哪些特点?

2.酒店客户忠诚计划的注意事项有哪些?

3. 实施酒店客户忠诚计划的具体方法有哪些？

二、讨论题

1. 试论述酒店客户忠诚计划的实施步骤。

2. 试论述酒店客户忠诚计划的内容。

项目六
酒店客户投诉处理

 项目概述

客户投诉对酒店而言是挑战亦是机遇，处理客户投诉的主要目的是解决客户在酒店住宿或服务过程中遇到的问题，处理得妥当与否直接影响到客户的满意度、忠诚度及酒店的口碑。

本项目主要介绍酒店客户投诉的种类及原因、客户投诉处理的基本流程以及客户投诉处理的技巧。酒店从业者应具备过硬的综合职业能力，处理客户投诉的过程是对酒店从业者所学知识和技能的综合运用和实践检验，是一个需要耐心、细心和诚心的过程，处理客户投诉的能力是酒店职业能力培养的重点和难点。

 **项目目标**

知识目标

(1) 正确认识客户投诉。
(2) 了解客户投诉的种类。
(3) 能够分析客户投诉的原因。
(4) 掌握客户投诉处理的基本流程。

能力目标

(1) 能够有效运用客户投诉处理的技巧。
(2) 能够处理不同类型的客户投诉。
(3) 具备灵活的应变能力、细致的观察能力、准确的语言表达能力、求新求变的创新能力等综合职业能力。

项目六　酒店客户投诉处理

素养目标

(1) 增强爱岗敬业的意识和职业自豪感。
(2) 培养乐观、积极的职业态度和生活态度。

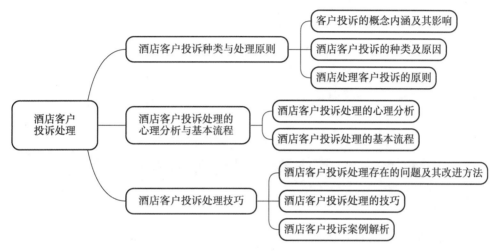

重点难点

重点：
掌握客户投诉处理的基本流程和客户投诉处理的技巧。

难点：
培养灵活、创新处理不同类型客户投诉的能力。

  一天，酒店前台实习生小张接到一位男性客户的电话，这位客户对小张说："你们的热水怎么一点儿也不热？而且面盆水龙头的出水量也很少，我马上要洗漱休息了，赶紧过来看一下。"这位客户是和自己的妻子、孩子一起来酒店住宿的，如果处理不当，便可能引发客户投诉的升级。小张在听完客户的描述后，马上对客户的情绪进行了安抚，小张对客户说道："非常抱歉，我这就为您解决，请您稍等，我这就安排维修师傅上楼为您检修。"

  维修师傅检查后得出的结论是，确实需要进行修理，而且需要较长的修理时间。面对这种情况，小张不知该如何处理，只能请教前台主管。为不影响客户休息，前台主管与客户进行了沟通，前台主管说道："先生，非常抱歉，我们一定会针对此类问题进行整改，这边给您免费升级家庭房可以吗？是一张宽2米的大床和一张宽1.35米的小床，住着肯定会更舒适一些。"在客户同意换房间后，前台主管便为客户升级了房型，制作了新的房卡，将房卡送到客户房间，再一次表达了歉意，补充了对房型升级的说明，并主动帮客户将行李运送到了新房间。在第二天客户退房时，前台主管再次为上一晚的事情道歉并赠送了小礼物。

小张在实习过程中经常遇到形形色色的客户投诉问题，他感到很困惑，希望酒店针对客户投诉问题进行系统的培训，帮助他分析客户投诉的原因，掌握投诉处理的方法和技巧，从而提升对客服务的能力。

酒店客户投诉种类及原因

任务一　酒店客户投诉种类与处理原则

酒店行业竞争的日益激烈，高星级酒店之间的角逐，往往是细微之处见风范，毫厘之间定乾坤。酒店服务中的每一件细微的事都体现了整个酒店的管理水平、服务水准。投诉是一把双刃剑，酒店对投诉处理的重视体现了酒店人以匠人、匠心、匠情所表达出的对客户的人文关怀和对完美体验的追求。

一、客户投诉的概念内涵及其影响

（一）客户投诉的概念内涵

关于客户投诉的研究起源于20世纪70年代，学界普遍认为，客户投诉的概念是由沃特·阿曼德·休哈特（Walter A. Shewhart）于1988年提出的，休哈特认为客户投诉是一系列的多重反应，其全部或者部分由客户在某次消费体验中感知的不满所引发。也有很多国内外学者给出了其他定义。综合考虑所有的观点，我们认为，客户投诉是指客户因对企业的产品质量、服务质量、服务设施、企业员工、异常事件等方面不满意而提出的书面或口头的异议、抗议、索赔要求等。

哈佛大学教授西奥多·莱维特（Theodore Levitt）曾经说过，酒店与客户之间的关系走下坡路的一个信号就是客户不投诉。客户投诉是每家酒店都会遇到的问题，有的酒店认为自己做得很完美，但只要没有达到客户的期望，就有可能发生客户投诉。美国商人马歇尔·菲尔德认为："那些购买我们产品的人是我们的支持者；那些褒奖我们的人使我们高兴；那些向我们抱怨、投诉我们的人是我们的老师，他们纠正我们的错误，让我们天天进步；只有那些一走了之的人才是伤害我们最深的人，他们不愿意给我们一丝机会。"因此，酒店应该正确处理客户的投诉，真正做到让客户满意，以赢得客户对酒店的忠诚。

(二)客户投诉对酒店的影响

如果客户所得到的产品或服务与客户对产品或服务的期望值之间存在差距，客户就会产生不满或进行投诉。客户投诉在一定程度上会损坏酒店的声誉和形象，降低酒店在社会中的认可度，从而使酒店的经济效益受损。

从管理的角度来看，投诉是客户对酒店所提供的产品和服务的信息反馈，是对酒店设施设备、服务质量的变相检测，可引起酒店管理者的注意。客户投诉有助于酒店及时、有针对性地改善经营管理，查漏补缺；有助于员工汲取经验教训，提高服务技能，从而增强企业竞争力。

从营销的角度来看，客户做出投诉的行为表明其在意酒店，其在酒店的消费行为是有意识的。妥善处理好客户投诉，可改善酒店与客户的关系，使客户成为酒店的优质客户、常客；若处理不好，则酒店失去的不只是提出投诉的客户，还有可能是这些客户的亲友、同事等潜在客户。

从客户关系的角度来看，若酒店能对客户投诉进行有效处理，则可提高客户对酒店的满意度。任何酒店员工都不希望自己的工作被投诉，就像没人希望自己被否定一样。酒店客户的投诉不仅意味着客户的某些需求没有得到满足，还代表着客户对酒店及其服务人员工作质量的一种负面评价。然而，真正优质的酒店不会回避客户的投诉，而是会将不利化为有利，以处理投诉为契机，与客户建立良好关系，同时对自身的工作进行完善，避免客户投诉的再次发生。

酒店应正确对待客户投诉，不仅要认识到客户投诉对酒店的不利影响，更重要的是要变被动为主动，变消极为积极，让客户在投诉的过程中加深对酒店的认识，让客户感觉到酒店处理投诉时的专业性，从而提高客户的满意度和忠诚度。总之，客户投诉为酒店提供了一个改善客户关系和优化酒店运营管理的机会，酒店应努力将"不满意"的客户转化为"满意"的客户，消除客户对酒店的不良印象，提升酒店服务水准和管理水平。

二、酒店客户投诉的种类及原因

(一)对设施设备的投诉

客户对设施设备方面的投诉主要集中在以下几个方面：客房的隔音设备不够好，不能为客户营造安静舒适的入住环境；设备老旧，抽水马桶及房间空调噪声过大；

家具破损，勾坏客户的衣物；网络速度慢；客户外出期间发生财物丢失或者被盗的情况；照明灯不亮；卫生洁具设备损坏等。酒店设施设备较多，大到电梯、中央空调、热水器，小到电吹风、床头灯和无线网络设备等。不管哪种设施设备出了故障，都会影响客户的服务体验。虽然酒店制定了关于设施设备保养检修的制度，但还是不能完全避免客户在使用过程中设施设备出现故障，只能尽量通过保养、检查和维修等工作减少设施设备出现故障的频率，从而降低客户投诉的可能性。客户既然选择到酒店消费，那么他们便是信任酒店的，会期望酒店的环境、设施都是完美的。如果在入住的过程中出现了设施设备方面的问题，如酒店设施设备功能不全等，客户的消费体验便会大打折扣，导致客户投诉的发生。

（二）对服务态度的投诉

客户对酒店服务人员服务态度的投诉主要集中在以下几个方面，包括：服务人员待客不主动，给客户以被冷落、被怠慢的感受；服务人员态度恶劣，行为举止粗鲁，缺乏修养；服务人员对客户询问不理睬，接待客户不热情等。客户到酒店消费，除了重视酒店的环境，还会对服务人员的服务态度有一定的要求。所有客户都希望得到最优质的服务，但不同客户的生活方式、生活习惯、消费经历不尽相同，因此他们对服务人员服务水平优劣的评定以及对服务人员服务态度的敏感度也不尽相同，他们对统一量化的服务方式会产生不一样的感受，这就需要酒店服务人员在向客户提供服务的过程中，与客户进行有效沟通，了解客户的感受和需求。

（三）对服务和管理质量的投诉

客户对酒店服务和管理质量的投诉主要体现为因服务方法欠妥或服务效率低下等因素，使客户受到伤害或蒙受损失，例如：客户拖着行李办理入住手续时，等待时间较长；酒店维修设施设备用时过长；酒店叫醒服务不及时；在客房内，客户被蚊虫叮咬；客户行李无人搬运；客户预订的房间被重复销售；酒店预订部所做出的承诺不能兑现等。对于客户来说，酒店的员工应该是专业的，服务人员在服务过程中应做到准确无误、及时高效。但由于酒店服务培训缺失、服务人员服务技能欠缺或服务水平低下等，在客户提出服务要求时，酒店没有满足客户的要求，从而引发客户投诉。

（四）对产品质量的投诉

对酒店产品质量的投诉是指酒店客房、餐厅等的产品没有达到客户的期望，具体包括：客房有异味、客房有噪声、床品不洁、餐具或餐品不洁、上菜时间过长、菜品口感不符合客户要求、菜品分量不足等。产品质量是酒店服务质量的重要组成要素，对客房和餐饮的投诉占酒店产品投诉的绝大部分。以餐饮质量为例，当代消费者对餐饮的要求越来越严格，绝大多数客户都希望酒店提供的餐饮产品既健康美味、干净卫生，又富有特定的文化内涵。酒店餐饮部门应综合考量客户需求，进行协调、改进和创新，促进餐饮产品质量的提高，尽力满足客户的需要，在最大限度上减少客户对产品质量的投诉。

(五)因沟通不畅引发的投诉

客户投诉有时并不是酒店单方面造成的，其中也不乏客户对酒店存在着误解，双方的沟通不畅也是产生客户投诉的主要原因之一。很多客户在入住酒店前，都会在网上搜索、浏览酒店的相关信息，或者致电酒店了解相关情况，但这种间接了解有可能造成理解偏差，或者了解不够全面，使得客户在某些方面对酒店产生误解。例如，客户因酒店的宣传手册描述或广告宣传，而对酒店相关产品产生了较高的期待，但在实际消费后，客户认为支付给酒店的费用，与客户的期望或与酒店产品或服务的实际使用价值相比，不能做到物有所值，因而客户产生心理落差，对酒店进行投诉。此外，若是酒店缺乏对客户的社会背景、生活习惯等的了解，也容易与客户之间产生误解，造成客户投诉。

除了如上所述的一般投诉，酒店也常常会遇到恶意或不当投诉。恶意或不当投诉指客户可能用演戏般的语调歇斯底里地大声叫嚷，他们的投诉对象常常不是某一人、一物或一事，而是指向酒店各方面，他们最终目的大都是获取金钱或物质赔偿。例如，某酒店的一位常客，因见酒店过道的软绳护栏漂亮，就"顺手牵羊"了。酒店方面找到了该客户，并委婉地请客户归还软绳。该客户则表示自己非常喜欢软绳，与酒店软磨硬泡，就是不想归还软绳，并声称如果闹大了就不再合作（意为要投诉）。这种行为与"酒店财产，不容损失"的原则相抵触，最后，酒店大堂经理再次礼貌地请客户归还软绳，并以总经理名义赠送一份当地特产给客户，作为礼物。这个案例告诉我们，即使客户有不当行为，酒店仍应该保持礼貌和诚意，"把'对'让给客户"是为了维护酒店的形象和留住客户，这也是酒店人良好职业素养的体现。酒店服务人员在处理各种客户投诉时，应保持冷静、耐心、微笑，采取果断、灵活而又令客户乐于接受的方式，妥善、及时地解决客户投诉，在不损害酒店利益的前提下，做到既能让客户感受到酒店的诚意，也能让客户觉得在酒店内受到重视，变不满意为满意，从而争取到更多的回头客，提高酒店的社会效益和经济效益。

三、酒店处理客户投诉的原则

(一)奉行积极的服务理念

酒店应坚持"客户是上帝""客户永远是对的"的服务宗旨，对客户投诉持积极态度，不与客户争吵，不为自己辩护。这需要提高全体员工的素质和业务能力，培养员工全心全意为客户服务的理念。员工在面对愤怒的客户时，一定要注意克制情绪，避免感情用事，始终牢记自己代表的是酒店的整体形象。员工应真诚听取客户的意见，表现出愿意为客户排忧解难的诚意。

（二）以诚为本

酒店在处理客户投诉时，应以诚为本。酒店应学会换位思考，有同理心,理解客户。酒店在处理客户投诉时，应综合考虑客户心理。客户在选择在酒店消费不只是寻求物质上的满足，还希望在心理上得到重视，获得心理上的满足。因此，在酒店客户对酒店的产品或服务产生不满时，酒店首先应想办法安抚客户的愤怒情绪，努力识别并满足客户的需求，满怀诚意地帮客户解决问题，只有这样才有助于问题的解决，酒店才能赢得客户的信任和好感。

（三）勿与客户争辩

酒店在处理客户投诉时，要有一定的心理准备。即使客户使用过激的语言或行为，酒店也一定要在冷静的状态下与客户进行沟通。酒店需要意识到，客户并不是酒店争论斗智的对象，酒店永远不会在争辩过程中获胜。酒店也不要试图当场说服客户，因为解释隐含着"客户错了"的意思。酒店应态度鲜明地接受客户的投诉，这能使客户在心理上得到满足；酒店应尽快将客户的情绪安抚稳定，表现出对客户的尊重和对投诉的重视。

（四）以酒店利益和形象为重

酒店的品牌形象既是酒店长期经营的结果，也是酒店发展的根基。酒店在处理投诉时，应真诚为客户解决问题，维护客户的利益，但同时也要注意保护酒店的正当利益，维护酒店的品牌形象。酒店方不能只注重客户的陈述，一味地讨好客户，这会给酒店造成一定的损失。酒店方更不能顺着客户或诱导客户抱怨某一部门，贬低他人，推卸责任，使客户对酒店品牌形象产生疑虑。酒店方在处理投诉时，既要一视同仁，又要区别对待，既要看投诉问题的情节，又要看投诉问题的影响力，以维护酒店的声誉和良好形象为重。

主要术语

客户投诉，是指客户因对企业的产品质量、服务质量、服务设施、企业员工、异常事件等方面不满意而提出的书面或口头的异议、抗议、索赔要求等。

任务小结

酒店客户投诉主要包括对设施设备的投诉、对服务态度的投诉、对服务和管理质量的投诉、对产品质量的投诉、因沟通不畅而引发的投诉等类型。客户在选择入住某酒店后，会对该酒店产生一定的期望，这种期望主要源自客户的住宿经验、网络口碑、酒店的广告宣传以及客户自身的需求，因而在酒店享受服务时，客户会将他们所期望的与他们所感受的服务和产品进行比较。在这个比较过程中，客户心理上产生了服务感受差距：如果客户接受的服务低于预期，客户就会感到不满意甚至引发客户投诉；如果客户所接受的服务等于或者高于预期，客户就会感到满意。

具体而言，引发客户投诉的原因包括：酒店设施设备的设置不能满足客户的需求；酒店员工的服务态度与客户期望值之间存在较大差距；酒店服务质量达不到客户的需求水平；酒店员工服务语言使用不当；酒店员工缺乏良好的服务技能、技巧；酒店员工服务效率低；酒店与客户之间沟通不畅；客户自身的因素，等等。

酒店方在处理客户投诉时应该遵循一定的原则，做到使客户满意，在保证客户的利益不受损的同时，树立起酒店的正面品牌形象，提高客户对酒店的忠诚度。酒店要从客户投诉的问题中寻找酒店存在的问题，根据问题寻找对应的解决办法，以提高酒店的服务质量和管理水平。

训练题

一、自测题

1. 客户投诉的概念内涵是什么？
2. 酒店客户投诉的主要类型及其原因分别是什么？
3. 酒店处理客户投诉的原则有哪些？

二、讨论题

1. 客户投诉对酒店的影响有哪些？
2. 面对恶意的客户投诉，酒店应如何处理？

三、实践题

某酒店常客王先生兴冲冲地搭乘酒店的3号客梯回房。同往常一样，他按下标30层的按键，电梯迅速上升。但是，当电梯运行到一半时，意外发生了，电梯停在15楼不动了。王先生愣住了，没过一会儿他又按了一遍30楼的按键，电梯没有反应，他被关在电梯里了。无奈之下，王先生只得按警铃寻求救援。1分钟、2分钟……10分钟过去了，电梯仍然一动不动。王先生等得有点不耐烦了，便再次按下警铃，仍没得到任何回答。此时的王先生十分紧张，先前的兴致全没了，疲劳感和饥饿感一阵阵袭来，继而又都转化为怒气。大概又过了10多分钟，电梯动了一下，电梯门在15楼打开了，王先生走了出来。这时的王先生已经十分不满，在被关住的20多分钟里，他没有得到店方的任何回应，出了电梯又无人应接，王先生愤怒地直奔酒店大堂，向大堂经理处投诉……

若你是酒店的大堂经理，你该如何处理这种情况？

任务二　酒店客户投诉处理的心理分析与基本流程

一、酒店客户投诉处理的心理分析

酒店客户投诉处理的心理分析是一个复杂且关键的过程，它涉及对客户心理、员工心理以及管理层心理等多个层面的深入理解。

（一）客户心理分析

1. 期望与现实的落差

客户在入住酒店时，通常会对服务、设施、环境等方面抱有一定的期望。当这些期望未能得到满足，或者服务体验未达到预期水平时，客户就会产生不满甚至进行投诉。

2. 情感宣泄

投诉行为往往是客户情感宣泄的一种方式。他们可能希望通过投诉来表达自己的不满，并寻求酒店方面的关注和解决。

3. 寻求补偿

在某些情况下，客户投诉的目的是寻求某种形式的补偿，如折扣、免费升级、道歉等，以弥补其因服务不佳而遭受的损失。

（二）员工心理分析

1. 压力与焦虑

面对客户投诉，员工可能会感到一定的压力和焦虑。他们担心自己的表现会受到质疑，也担心处理不当会影响酒店的声誉和客户关系。

2. 责任感与使命感

优秀的员工会视投诉为改进服务的机会，他们会积极应对并努力解决问题，以体现自己的责任感和使命感。

3. 沟通与协作

在处理投诉的过程中，员工需要与客户进行有效沟通，并与其他部门协作以解决问题。这需要他们具备良好的沟通技巧和团队合作精神。

（三）管理层心理分析

1. 客户至上

管理层应始终秉持客户至上的原则，将客户的满意度和忠诚度放在首位。他们应关注客户投诉并采取有效措施加以解决。

2. 持续改进

管理层应将客户投诉视为改进服务和提升竞争力的机会。他们应深入分析投诉原因，制定改进措施，并督促员工落实。

3. 风险控制

管理层还需关注投诉可能带来的风险，如声誉损失、法律纠纷等，应建立有效的风险防控机制，以确保酒店的稳健运营。

（四）团队协同与沟通心理分析

1. 团队协同

在酒店处理客户投诉的过程中，团队的协同作战至关重要。员工之间需要互相配合，共同面对问题，寻找解决方案。这要求员工具备高度的团队精神和合作意识，能够积极分享信息，共同承担责任。

2. 有效沟通

沟通是处理客户投诉的核心环节。酒店员工需要具备良好的沟通技巧，能够清晰、准确地理解客户的需求和投诉内容，并将处理结果及时反馈给客户。同时，员工之间也需要保持沟通渠道畅通，以便及时分享信息，共同解决问题。

（五）管理层决策心理分析

1. 迅速决策

在面对客户投诉时，管理层需要迅速做出决策，以体现酒店的响应速度和解决问题的能力。在制定决策的过程中，管理层需要权衡各种因素，如客户需求、酒店利益、法律法规等，以确保决策的合理性和有效性。

2. 承担责任

在处理客户投诉时，管理层需要勇于承担责任，积极采取措施解决问题。这不仅可以增强客户的信任感，还有助于提升酒店的品牌形象和口碑。

（六）投诉处理后的心理影响

1. 促进员工发展

成功的投诉处理可以增强员工的自信心和成就感，提升他们的工作积极性和满意度。同时，酒店也可以利用投诉处理案例对员工进行培训和指导，帮助他们提高服务质量和应对客户投诉的能力。

2. 维护客户关系

有效的投诉处理不仅可以解决当前的问题，还可以提高客户对酒店的信任感和忠诚度。酒店可以通过后续关怀和跟进措施，进一步巩固与客户的关系，提高客户满意度和回头率。

综上所述，酒店客户投诉处理的心理分析涉及多个层面和环节。酒店需要从多个角度出发，全面考虑客户、员工和管理层的心理需求和行为特点，制定有效的应对策略和措施，以提高服务质量和客户满意度。同时，酒店也需要不断总结经验教训，持续改进自身的服务水平和投诉处理能力。

二、酒店客户投诉处理的基本流程

（一）遵照基本流程处理酒店客户投诉

1. 接待投诉

酒店应设立专门的投诉渠道，如投诉电话、投诉邮箱等，方便客户随时进行投诉。在接到投诉后，酒店应尽快安排人员接待并记录客户投诉的内容。

2. 倾听与记录

酒店员工应耐心倾听客户的投诉内容，并详细记录客户投诉的具体事项、时间、地点、相关人员等信息。同时，酒店员工要保持礼貌，尊重客户，避免与客户产生争执。

3. 调查核实

酒店应根据客户投诉的内容，进行调查核实，了解事情的真相和具体情况。这可能涉及与相关员工的沟通、查看监控录像、查阅相关记录等。

4. 妥善解决

一旦确认客户投诉的相关情况，酒店应立即采取措施进行处理和解决。这可能包括道歉、赔偿、改进服务等方面。酒店应确保处理措施的有效性和及时性，以满足客户的期望和需求。

5. 反馈客户

在处理完客户投诉后，酒店应及时向客户反馈处理结果和解决方案。同时，要再次向客户表达歉意和感谢，以保持良好的客户关系。

6. 总结改进

针对客户投诉的问题和原因，酒店应进行总结和改进，避免类似问题再次发生。这可能涉及改进服务流程、提升员工素质、加强内部管理等方面。

需要注意的是，酒店客户投诉处理流程可能因酒店规模、管理水平和服务标准等因素而有所不同。但无论如何，酒店都应遵循"客户至上"的原则，积极处理客户投诉，不断提高服务质量和客户满意度。

（二）建立酒店客户投诉处理的管理机制

1. 跟踪与回访

在处理完客户投诉后，酒店应定期进行跟踪和回访，以确保客户对处理结果满意，并了解客户是否还有其他需求或建议。这可以通过电话、邮件或短信等方式进行，以维护酒店与客户之间的良好沟通。

2. 员工培训教育

针对客户投诉中反映的问题，酒店应组织相关员工进行培训教育，以增强员工的服务意识和专业能力。培训内容可以包括客户服务技巧、产品知识、法律法规等方面，以帮助员工更好地满足客户需求。

3. 投诉统计与分析

酒店应定期对客户投诉进行统计与分析，以了解投诉的类型、原因和趋势。这有助于酒店发现服务中的短板和问题，并制定针对性的改进措施。同时，通过对投诉数据的分析，酒店还可以评估投诉处理流程的有效性，进一步优化流程。

4. 建立投诉管理机制

为了确保客户投诉处理流程的高效运行，酒店应建立完善的投诉管理机制。这包括明确投诉处理的责任部门、制定投诉处理的标准和流程、建立投诉处理的考核和激励机制等。通过有效的管理机制，酒店可以提高投诉处理的效率和质量以及客户满意度。

总之，酒店客户投诉处理流程是一个需要持续改进和优化的过程。酒店应始终关注客户的需求和反馈，积极处理客户投诉，不断提高服务质量和客户满意度。通过建立良好的投诉管理机制和流程，酒店可以赢得客户的信任和支持，实现可持续发展。

(三)不断优化酒店客户投诉处理流程

酒店客户投诉处理是一个综合性的工作，需要酒店从多个方面入手，不断进行完善和优化。通过加强跨部门协作、积极处理客户投诉、培育积极的"投诉文化"、持续改进服务质量等方式，酒店可以不断提高客户满意度和忠诚度，为长期发展奠定坚实基础。

1. 加强跨部门协作

酒店在处理客户投诉时，可能需要多个部门的协作和配合。因此，酒店应建立有效的跨部门沟通机制，确保各部门能够及时获取相关信息并共同解决问题。例如，前台部门、客房部门、餐饮部门等部门应紧密合作，共同为客户提供满意的解决方案。

2. 预防再次投诉

除了处理客户的投诉，酒店还应注重投诉的预防工作。通过定期分析客户满意度调查数据、收集员工意见和建议等方式，酒店可以提前发现并解决潜在的服务问题，从而降低客户投诉的发生概率。针对可能出现的严重投诉或突发事件，酒店应提前制定应急预案，包括紧急处理措施、危机沟通机制以及事后恢复计划等，以确保在紧急情况下能够迅速、有效地应对客户投诉。

3. 培育积极的"投诉文化"

酒店应培育并倡导积极的"投诉文化"，鼓励员工主动收集客户反馈并勇于承认和改正错误。同时，酒店应对勇于承担责任的员工给予表彰和奖励，以提高整个团队对客户投诉的重视程度。酒店应鼓励员工积极提出创新性的解决方案，以应对在客户投诉中遇到的各种问题。通过激发员工的创新精神，酒店可以发现更多有效的解决方案，提高服务质量和客户满意度。

4. 持续改进服务质量

客户投诉是酒店改进服务的重要契机。酒店应将客户投诉视为提高服务质量的动力，不断总结经验教训，完善服务流程和标准，为客户提供更加优质的服务体验。酒店可以采取以下措施。

（1）深入分析客户投诉数据：酒店可以利用数据挖掘技术，进一步挖掘客户需求和行为特征，发现服务中的潜在问题和改进空间，从而为客户提供更加个性化的服务。

（2）优化客户体验：酒店可以针对客户投诉中反映的问题，从客户体验的角度出发，优化服务流程和环境，提高客户满意度。例如，改进房间设施、提高餐饮服务品质、优化预订流程等，都可以为客户带来更好的体验。

5. 与第三方机构合作

为了提高客户投诉处理的专业性和效率，酒店可以与第三方机构（如客户满意度调查公司、法律顾问等）进行合作。这些机构可以为酒店提供专业的投诉处理建议、法律支持等服务，帮助酒店更好地应对客户投诉。

6. 强化品牌形象

客户投诉处理是展示酒店品牌形象的重要环节。酒店应以诚信、专业、负责的态度处理客户投诉，积极回应客户关切，展现酒店的品牌价值和企业文化。通过良好的投诉处理，酒店可以赢得客户的信任和口碑，提升品牌形象。

总之，酒店客户投诉处理流程不仅是一个应对客户投诉的过程，还是一个持续改进和优化服务的过程。通过关注客户需求、加强内部管理、提高员工素质、完善投诉处理流程等方式，酒店可以不断提高客户满意度和忠诚度，实现可持续发展。同时，酒店还应积极履行社会责任、关注市场变化并不断创新服务方式，以赢得客户的长期信任和支持。

主要术语

客户投诉心理分析，是一个深入探究消费者行为和情绪反应的过程，有助于企业更好地理解和应对客户的不满和投诉。

任务小结

客户投诉通常表现为对产品或服务的不满。这种不满可能源于多个方面，如产品质量问题、员工服务态度不佳、交付延迟等。当客户遇到这些问题时，他们可能会感到失望、愤怒或焦虑，从而做出投诉行为。一方面，客户可能希望通过投诉来解决问题，恢复对产品或服务的信心；另一方面，他们也可能在投诉过程中寻求情感上的宣泄和满足。因此，企业在处理客户投诉时，需要关注客户的情绪变化，并采取适当的措施来安抚和缓解客户的负面情绪。此外，企业还需要注意遵照基本流程来开展客户投诉处理工作，包括倾听和理解、积极回应、提供解决方案、跟进和反馈等。

客户投诉心理分析是企业改进服务和提高客户满意度的重要手段。通过深入了解客户的投诉心理和期望，企业可以更好地应对客户投诉，提升品牌形象和市场竞争力。酒店客户投诉处理流程不仅是一个应对客户投诉的过程，还是一个持续改进和优化服务的过程。通过关注客户需求、加强内部管理、提高员工素质、完善投诉处理流程等方式，酒店可以不断提高客户满意度和忠诚度，实现可持续发展。

> **训练题**

一、自测题

1. 请简述客户投诉心理分析的内容。
2. 酒店客户投诉处理后的心理影响涉及哪些方面？
3. 酒店客户投诉处理的基本流程有哪些？

二、讨论题

1. 请简述客户投诉处理的员工心理分析的内容。
2. 酒店应如何不断优化客户投诉处理流程？

三、实践题

某日下午，酒店的服务人员接到了一通来自2818房间李先生的投诉电话。李先生语气稍显激动，他反映在房间内可以听到来自隔壁或楼上房间的噪声，这严重影响了他的休息和工作，他希望能够得到酒店的重视和妥善解决。

若你是该酒店的服务人员，你会如何处理以上投诉事件？

任务三　酒店客户投诉处理技巧

一、酒店客户投诉处理存在的问题及其改进方法

在酒店运营过程中，客户投诉处理不仅是对客户反馈的直接回应，还是酒店提高服务质量、树立品牌形象的关键环节。然而，在实际操作过程中，许多酒店都面临着客户投诉处理不当的种种问题，这些问题严重影响了客户体验和酒店声誉。因此，我们需要深入剖析这些问题，并提出有效的改进方法。

（一）酒店客户投诉处理存在的问题

1. 响应不及时

某些酒店的客户投诉处理团队的响应速度实在是慢，长时间的等待不仅浪费了客户的宝贵时间，还会让他们质疑酒店的服务效率。对于急切需要解决问题的客户来说，这种拖延无疑加剧了他们的不满。

2. 处理方式不当

有些酒店在处理客户投诉时，态度冷漠，缺乏同理心和专业性。他们可能只是简单地敷衍了事，或者试图推卸责任，这种做法往往会让客户感到愤怒和失望。酒店的服务宗旨应该是以客户为中心，而这样的处理方式显然违背了这一原则。

3. 沟通不畅

酒店与客户之间可能存在沟通渠道不畅或沟通方式不当的问题。例如，有些酒店可能缺乏明确的投诉途径，或者投诉电话经常无人接听，导致客户无法有效地表达自己的诉求。此外，一些酒店在与客户沟通时，可能用词不当或语气生硬，给客户留下了不好的印象。

4. 缺乏标准化处理流程

某些酒店的客户投诉处理流程缺乏统一性和规范性。不同的员工可能会根据自己的理解和经验来处理投诉，导致处理结果存在较大的差异和不确定性。这不仅降低了客户对酒店的信任度，还增加了酒店内部管理的难度。

（二）酒店客户投诉处理的改进方法

1. 建立快速响应机制

为了解决响应不及时的问题，酒店应设立专门的投诉处理团队，并确保团队成员具备高度的责任心和较高的职业素养。同时，酒店可以建立投诉热线或在线客服系统，确保客户可以随时随地提出投诉。一旦收到投诉，团队应立即响应，做到在最短时间内给出解决方案或回复客户。

2. 提高处理专业性

为了提高客户投诉处理的专业性，酒店应加强对客户投诉处理团队的培训。培训内容可以包括沟通技巧、客户服务理念、行业法规等方面，帮助团队成员更好地理解和应对客户的投诉。此外，酒店还可以定期组织案例分析会议，分享成功案例，提升团队整体的处理水平。

3. 优化沟通渠道

为了解决沟通不畅的问题，酒店应建立多元化的沟通渠道，并确保每个渠道都能有效运作。除了传统的电话和邮件，酒店还可以使用社交媒体、在线聊天工具等，以方便客户随时与酒店取得联系。同时，酒店员工应确保在与客户沟通的过程中礼貌、亲切，避免使用生硬语言，或让客户感受到态度冷漠。

4. 制定标准化处理流程

为了确保客户投诉处理的统一性和规范性，酒店应制定一套完整的投诉处理流程。流程应包括接收投诉、记录信息、调查核实、制定解决方案、与客户沟通、实施解决方案等环节,每个环节都应有明确的操作规范和要求。通过标准化的处理流程,酒店可以确保每个投诉都能得到公正、专业的处理,从而提高客户的满意度和信任度。

综上所述,酒店客户投诉处理存在的问题不容忽视。通过建立快速响应机制、提高处理专业性、优化沟通渠道和制定标准化处理流程等措施,酒店可以有效地解决这些问题,提高客户满意度和忠诚度。酒店只有不断提高服务质量和管理水平,才能在激烈的市场竞争中脱颖而出。

二、酒店客户投诉处理的技巧

在酒店行业的日常运营中,处理客户投诉不仅是酒店员工会面临的一项重要任务,还是一门需要酒店员工认真钻研的学问。每一次投诉都是对酒店服务质量的检验,也是对酒店团队应变能力和专业素养的考验。因此,掌握客户投诉处理的内容,并灵活运用客户投诉处理的技巧,对于提升酒店形象、巩固客户忠诚度具有不可忽视的作用。

(一)客户投诉处理的内容

1. 建立信任

面对客户投诉时,倾听是酒店员工与客户之间搭建信任桥梁的首要步骤。在倾听的过程中,酒店员工不仅要用耳朵去接收客户的话语,还要用心灵去感知他们的情感和期望。在处理客户投诉时,倾听不仅体现了酒店员工对客户的尊重,还是解决问题的第一步。在倾听过程中,酒店员工应当专注,通过一定的肢体语言,如点头、微笑等,向客户传达出对他们话语的重视。同时,温柔且耐心的态度也能使客户感受到酒店员工真挚的关怀和尊重。

2. 修复关系

当客户投诉时,酒店员工虚心接受并表达歉意是修复关系、挽回信任的关键步骤。酒店员工需要勇于面对问题,毫不避讳地承认错误,并向客户表达由衷的歉意。

在道歉时,酒店员工应该使用诚恳且谦逊的言辞,同时,通过解释原因和采取补救措施,让客户看到酒店解决问题的决心和能力,从而增强客户对酒店的信任感。

3. 解决问题

解决问题的速度和效率是衡量酒店服务质量的重要标准。当客户提出投诉时,酒店员工需要迅速采取行动,以高效的工作流程和灵活的应变能力来解决问题。

在分析问题并明确责任归属的过程中,酒店员工需要运用丰富的专业知识和经验进行深入剖析;对投诉的问题进行逐一梳理,找出问题的根源所在。这可能需要酒店员工进行深入的调查和研究,以便更准确地判断问题的性质和责任归属。同时,酒店员工还要勇于面对问题并虚心改正，对于酒店自身存在的问题和不足，要及时进行纠正和改进。

制定解决方案并与客户进行协商是处理投诉的核心环节。在这一过程中，酒店员工需要根据问题的性质、客户的期望以及酒店的实际情况来制定切实可行的解决方案。酒店员工要充分考虑客户的感受和需求，同时兼顾酒店的利益和规定。在与客户协商时，酒店员工要保持冷静、理智，尊重客户的意见和选择，同时坚持酒店的立场和原则。酒店员工可以通过充分的沟通和协商，与客户达成双方都能接受的解决意见，从而为客户高效解决问题，安抚客户的情绪，让客户满意。

解决方案确定后，酒店员工需要迅速采取行动并跟进处理情况。这要求酒店员工高效、专业地执行解决方案，并确保在约定的时间内完成投诉处理。在跟进处理的过程中，酒店员工还要保持与客户沟通渠道畅通，及时向他们反馈处理进度和结果。这不仅可以增强客户对酒店的信任感，还能让他们感受到酒店员工的专业性和负责态度。

在解决问题的过程中，酒店员工需要保持与客户的密切沟通，及时反馈处理进展和结果。如果问题无法立即解决，酒店员工应该主动告知客户解决的时间表，并在此过程中保持与客户的联系，让客户感受到酒店对他们的重视和关心。

4. 及时反馈

对于客户的投诉，酒店应该建立完善的记录体系，以便后续分析和改进。为了确保能够全面而准确地理解客户投诉的内容，酒店员工需要详细记录每一个细节：事件发生的时间、地点、涉及的具体人员、事件的经过以及客户的期望和要求等。在记录的过程中，酒店员工要注重细节，避免遗漏任何重要信息。这些记录不仅应包括投诉的内容、处理过程和结果，还应涵盖客户的反馈意见和建议。同时，酒店员工还要确保记录的准确性和客观性，避免个人主观因素影响其对问题的判断。

通过对投诉记录的深入分析和挖掘，酒店可以发现服务中存在的问题和不足，进而制定针对性的改进措施。同时，这些反馈也可以作为员工培训和考核的重要依据，帮助酒店提高整体服务质量和客户满意度。

5. 展现专业性

面对客户的投诉，酒店员工需要保持积极、乐观的态度，在应对和处理时体现专业性。这样不仅能够缓解客户的不满情绪，还能够增强客户对酒店的信任感和好感。酒店员工展现专业素养和积极态度，有助于塑造酒店的良好形象，从而赢得客户的尊重和认可。这种尊重和认可将进一步推动酒店与客户之间的关系的发展，为酒店带来更多的商业机会和市场份额。

6. 总结经验

在处理完投诉后，酒店需要深入思考问题的根源，注重总结经验教训，从中发现服务中的不足和漏洞，并采取措施防止类似问题再次发生。通过深入分析客户投诉的原因和类型，酒店可以发现服务中普遍存在的问题，从而制定有效的改进措施。同时，酒店要加强对员工的培训教育，提高他们的服务意识和技能水平，以确保类似的问题不再发生。例如，酒店应优化服务流程，减少服务中的疏漏和失误；应加强员工培训，增强员工的服务意识，提升员工的专业技能；应定期检查和维护设施设备，确保其正常运行，保持良好状态。通过这些措施的实施，酒店能够降低投诉率，提高客户满意度和忠诚度。

总之，酒店客户投诉处理是一门需要综合运用多种技巧和策略的艺术。遵循耐心倾听、详细记录、深入分析、制定解决方案、迅速跟进以及总结经验教训等原则，酒店可以有效地化解客户的投诉和不满，提升酒店的品牌形象和市场竞争力。只有不断优化投诉处理流程、提升高服务质量，酒店才能在竞争激烈的市场中立于不败之地。

（二）客户投诉处理的技巧

酒店客户投诉处理是一项需要酒店员工具备较强专业性和较高敏感度的任务，不仅考验着酒店员工的业务素养，还是对酒店服务品质的一次严峻挑战。客户投诉处理技巧包含以下几个方面。

1. 倾听与理解

当客户提出投诉时，酒店员工首先要做的是静下心来，认真倾听，并用同理心去深切体会客户的情绪，确保能够把握问题的核心。

（1）倾听。

在倾听客户投诉的过程中，酒店员工需要全身心地投入，可以通过积极的反馈，如点头示意等方式，表达对客户问题的关注和理解，同时，还需要在倾听的过程中捕捉关键信息，以便能够更准确地理解客户的真实需求。

（2）理解。

在处理客户投诉时，酒店员工展现出的冷静与礼貌往往是安抚客户情绪、缓解紧张氛围的关键。酒店员工需要在面对客户投诉时，始终保持镇定自若的态度，不被客户的情绪所左右，从而做到清晰、有条理地分析问题、提出解决方案。同时，酒店员工礼貌的语言和得体的举止也能够传递出酒店对客户的尊重和重视，让客户感受到被关怀。

2. 表示同情与歉意

无论客户投诉的问题是否完全属于酒店的责任，酒店员工都应该对客户表示同情，让客户感受到被重视。如果确实是酒店的原因，酒店员工要及时道歉，并表达要解决问题的决心。

在表示同情与歉意时，酒店员工需要做到真诚。酒店员工不仅要对客户的投诉表示歉意，还要对客户的不满和困扰表达出深切的同情和理解。这种真诚的道歉和同理心能够极大地缓解客户的负面情绪，增强客户对酒店的信任感，提高客户的忠诚度。同时，酒店员工还需要通过实际行动来弥补客户的损失，让客户感受到酒店的诚意和努力。

3. 提供清晰和准确的解释

如果客户对酒店某项服务或产品存在误解，酒店员工应提供准确、清晰的信息来消除客户的疑虑。酒店员工在向客户进行解释时，应避免使用过于专业或复杂的术语，应采用简洁、明了的语言，将复杂的服务内容以通俗易懂的方式传达给客户。这不仅有助于客户更好地理解酒店所提供的产品或服务，还能够提高他们对酒店的信任度和满意度。

4. 迅速响应并提供解决方案

酒店员工应根据客户的投诉内容和需求，寻找合适的解决方案，这需要酒店员工具备丰富的经验和出色的智慧。如果可能的话，酒店员工可以提供多个选项供客户选择，以满足其不同的需求。

酒店员工应根据问题的性质、客户的实际需求和酒店的实际情况，迅速而准确地提出切实可行的解决方案。这些方案不仅要能够解决问题，还要能够顾及客户的心理感受和实际需求，确保客户对处理结果满意。同时，酒店员工还需要在解决问题的过程中保持与客户的密切沟通，及时反馈问题处理进展，确保客户对得到妥善处理结果充满信心。

5. 持续跟进并确保问题得到解决

在提出解决方案后，酒店员工还需要做好跟进与反馈工作，包括：设定明确的跟进计划，确保问题得到妥善处理；密切关注问题处理进展，及时与客户保持联系，了解客户对处理结果的反馈意见；在问题得到解决后，与客户进行沟通，了解他们的满意度。

6. 记录分析并持续改进

酒店需要建立完善的客户投诉记录和分析机制。通过对客户投诉数据的收集、整理和分析，酒店可以深入了解客户的投诉原因、投诉类型和投诉频率等信息，从而发现服务中的短板和不足。酒店可以根据这些数据制定针对性的改进措施，以提高服务质量、减少类似问题的发生、降低客户投诉率。

7. 培训员工以提升其服务水平

酒店应定期开展客户服务培训活动，提升员工的专业素养和服务技能，确保他们具备处理投诉的专业能力。培训内容可以包括客户服务理念、沟通技巧、投诉处理技巧等方面，帮助员工增强服务意识、提升服务水平。酒店可以通过案例分析等方式，让员工更好地理解投诉处理的重要性和相关技巧。

综上所述，酒店客户投诉处理是一项对员工多方面素质和能力有着较高要求的任务。面对客户投诉时，酒店员工需要有耐心、同理心，通过有效的沟通和积极的行动，在解决当前的问题的同时，增强客户对酒店的信任感，提高客户的忠诚度。

三、酒店客户投诉案例解析

深度解析酒店客户投诉案例，不仅有助于酒店管理层更加全面、细致地把握客户的真实需求，还能为酒店优化服务流程、提高客户满意度提供有力的支撑和推动力，有助于酒店树立卓越的品牌形象，进而在市场的激烈竞争中脱颖而出。

（一）案例一：关于客房卫生状况不佳的投诉

1. 投诉内容

客户投诉房间内地面上有顽固的污渍、床单上有明显的污渍和异味等问题，对整体住宿体验表达了强烈的不满和失望。

2. 处理方案

（1）酒店方面高度重视，迅速向客户表达深深的歉意。

（2）紧急调动一支经验丰富、技术精湛的清洁团队对房间进行全方位、深层次的清洁。清洁团队运用高效去污的清洁产品和先进的清洁设备，确保每一个角落都达到一尘不染的卫生标准。

（3）同时，酒店还更换了全新的床单、毛巾等布草，力求为客户打造一个干净、整洁、舒适的住宿环境。

（4）此外，酒店管理层还加强了对客房卫生的日常监管力度，提高了定期卫生检查的频率，并建立了严格的卫生管理制度，以确保卫生标准得到长期、稳定的执行。

3. 案例解析

关于客房卫生状况不佳的投诉的处理，酒店业应当高度重视。客户的投诉不仅是对卫生状况的反馈，还是对酒店服务质量的直接评价。因此，酒店需要采取一系列有效的措施来应对这类投诉，以提高客户满意度并维护品牌形象。

首先，当接到客户关于客房卫生状况不佳的投诉时，酒店应立即向客户表达诚挚的歉意，并承诺会尽快解决问题。同时，酒店应指派专人负责跟进投诉处理情况，确保问题得到妥善解决。

其次，酒店应组织专业清洁团队对被投诉的客房进行全面、彻底的清洁和消毒。在清洁过程中，酒店应确保使用的清洁用品符合卫生标准，并严格按照清洁流程进行操作。此外，酒店还可以考虑引入先进的清洁技术和设备，以提高清洁效率和质量。

除了对投诉的客房进行清洁，酒店还应加强对日常卫生工作的监管。具体表现为：定期对客房进行巡查和清洁，确保卫生状况符合标准；制定严格的卫生管理制度和奖惩机制，以约束员工行为并激励他们保持高度的卫生意识。

最后，酒店还应与客户保持沟通，了解他们的满意度和反馈意见。对于客户的建议和意见，酒店应认真倾听并及时做出改进。通过不断改进服务质量，酒店可以赢得客户的信任和忠诚，提升品牌形象和市场竞争力。

综上所述，处理客房卫生状况不佳的投诉需要酒店采取多方面的措施。通过表达歉意、组织清洁团队、加强日常卫生监管以及与客户保持沟通等方式，酒店可以有效地解决投诉问题并提高客户满意度。

（二）案例二：关于酒店设施故障问题的投诉

1. 投诉内容

客户明确指出房间空调无法制冷或制热，导致房间温度无法调节，严重影响了客户的住宿舒适度。

2. 处理方案

（1）酒店方面在接到投诉后，迅速向客户表达深深的歉意。

（2）同时，酒店方面迅速组织专业维修人员前往房间进行详细的检查和维修。维修人员发现，故障主要是空调设备老化、零部件损坏等原因造成的。

（3）为了尽快解决问题，酒店方面紧急采购了新的空调设备，并安排技术人员进行了更换和调试。

（4）在维修期间，为了确保客户不受影响，酒店还提供了两种替代方案供客户选择：安排客户至其他设施完备的房间，或提供便携式冷暖设备以满足客户的温度调节需求。

（5）酒店方面还加强了设施设备的日常维护和保养工作，定期对设备进行巡检和预防性维修，以降低设备故障率、延长设备使用寿命。

3. 案例解析

酒店设施设备问题所引发的投诉是酒店运营中常见的挑战之一。当客户对酒店的设施设备提出投诉时，酒店应迅速、有效地响应，并采取适当的措施来解决这些问题，以维护酒店的声誉和客户满意度。

首先，酒店工作人员应保持冷静，体现出专业素养，耐心倾听客户的投诉内容。酒店工作人员应确保客户有机会完整表达自己的不满和意见，同时记录下投诉的详细信息，包括投诉的时间、地点、具体设施设备的名称以及相关问题的具体描述。

接下来，酒店应立即派遣专业人员前往现场进行检查和评估。这有助于酒店了解问题的实际情况，确定是否存在设备故障或维护不当等问题。同时，酒店工作人员应与客户保持沟通，告知他们正在积极处理投诉，并尽力提供临时的解决方案或替代设施，以减少客户的不便。

一旦确定了问题的原因，酒店应立即采取措施进行修复或更换设施设备。如果是设备出现了故障，酒店应尽快联系维修人员或供应商进行修理；如果是维护不当导致的问题，酒店应加强对设施设备的日常维护和保养，以防止类似问题再次发生。

在处理投诉的过程中，酒店应始终与客户保持积极的沟通，及时告知他们处理投诉的进展和结果。如果客户对处理结果表示满意，酒店应进一步表示感谢，并询问是否还有其他需要协助的地方；如果客户对处理结果不满意，酒店应耐心解释原因，并尝试提供其他可行的解决方案或补偿措施。

此外，酒店还应将客户的投诉作为改进服务质量的重要机会。通过对投诉的分析和总结，酒店可以发现设施设备方面存在的问题和不足，并采取相应的改进措施，提高酒店的整体运营水平和服务质量。

最后，为了防止类似问题再次发生，酒店应建立健全设施设备管理制度，制订维护保养计划，定期对设施设备进行检查和保养，及时发现并解决潜在问题，确保设施设备的正常运行和良好状态。

总之，处理酒店设施设备问题的投诉需要酒店工作人员体现专业性，保持耐心和积极的态度。通过及时响应、有效沟通和积极改进，酒店可以赢得客户的信任和满意，提升酒店的品牌形象和竞争力。

（三）案例三：关于服务态度不佳的投诉

1. 投诉内容

客户反映前台服务人员态度冷漠、缺乏热情，甚至对客户提出的问题和需求表现出不耐烦或漠视的态度。

2. 处理方案

（1）酒店方面在接到投诉后，应及时记录投诉内容，并确认投诉内容的真实性。

（2）酒店方面应向客户表示歉意，并承诺会尽快处理投诉。

（3）酒店方面应分析投诉原因，识别问题的根源，如员工态度问题、服务流程问题等。

（4）酒店方面应评估投诉对酒店形象和声誉的影响，以制定合适的解决方案。

（5）酒店方面应对涉事员工进行批评教育，并要求其改正错误，提高服务质量。

（6）酒店方面应根据投诉情况，采取适当的补救措施，如向客户道歉、提供折扣或补偿等。

（7）酒店方面应开展对全体员工的服务态度和职业素养的培训。培训内容涵盖服务礼仪、沟通技巧、客户需求识别与处理等多个方面，旨在提升员工的服务意识和专业素养。

（8）酒店方面应建立完善的投诉处理机制，设立专门的投诉受理渠道和投诉处理流程，确保客户的投诉能够得到及时、公正、有效的处理。

（9）酒店方面应加强对投诉处理结果的监督和考核，以确保问题得到彻底解决，并防止类似问题再次发生。

3. 案例解析

这种投诉不仅损害了客户的利益，也会在一定程度上影响酒店的形象和声誉。对于服务态度不佳的投诉，酒店应高度重视并立即采取行动，以维护客户权益，恢复酒店形象与声誉。

在接到投诉后，酒店应及时记录投诉内容，确认投诉的真实性；向客户表达歉意，并承诺会尽快处理投诉；同时，指派专人围绕投诉进行调查，了解事情经过。

接下来，酒店应分析引发投诉的原因，识别问题的根源，如员工态度问题、服务流程问题等；评估投诉对酒店形象和声誉的影响，以便制定合适的解决方案；随后，对涉事员工进行批评教育，并根据投诉情况，对客户采取适当的补救措施。

事后，酒店应对投诉处理过程进行总结，提炼经验教训；将处理结果和改进措施向全体员工通报，强化员工的服务意识和质量意识；针对存在的问题，制定改进措施，完善服务流程和管理制度；努力恢复客户对酒店的信任，提升酒店形象和声誉。

（四）案例四：关于餐饮质量问题的投诉

1. 投诉内容

客户反映菜品口感不佳、食材不新鲜等问题，并对餐厅的整体质量表示质疑。

2. 处理方案

（1）立即关注并回应投诉，了解具体情况并承诺尽快解决。

（2）通过对餐厅的运营情况进行全面调查和分析，发现问题主要缘于食材采购、储存和加工环节的管理不善。

（3）加强对食材供应商的筛选和管理，确保采购到新鲜、优质的食材。

（4）优化食材储存条件和管理流程，引入先进的保鲜技术和设备以保持食材的新鲜度。

（5）提升厨师团队的烹饪技艺和创新能力，通过研发新菜品、优化菜品口味等措施来提升餐厅的整体质量。

3. 案例解析

当餐厅面临关于菜品新鲜度和口味的投诉时，餐厅经营者和服务人员需要采取及时且恰当的措施来处理这类问题，以维护客户的满意度和餐厅的声誉。

首先，餐厅方面应立即关注并回应投诉。服务人员应立即关注投诉，并主动与客户沟通，了解具体情况，同时，要向客户表示歉意，并承诺会尽快解决问题。

其次，餐厅方面应检查食材和储存方式是否合规。如果发现食材存在问题，餐厅方面应立即停止使用，并与供应商联系，查明原因并采取相应措施。同时，餐厅方面应主动了解客户口味需求以便更好地满足他们的需求。同时，餐厅方面可以提供多种口味的菜品供客户选择，以满足不同客户的口味需求。

最后，餐厅方面可以与客户进行沟通，解释菜品特点。如果客户对菜品的口味不满意，餐厅服务人员可以耐心向其解释菜品的制作方法和特点，帮助客户了解菜品的独特之处。同时，餐厅服务人员可以询问客户是否愿意尝试调整口味或重新为客户制作一份。

后期，一方面，餐厅应持续改进菜品质量，针对客户的口味投诉，认真总结经验教训，不断改进菜品质量，可以通过调整调味品的用量、改进烹饪方法等方式，提升菜品的口感和品质。另一方面，餐厅应加强对食材的采购、储存和加工过程的管理和监控，确保食材在采购时新鲜、储存时符合规定、加工时卫生安全。

总之，在处理投诉的过程中，餐厅应始终保持积极、耐心和诚恳的态度，与客户进行充分的沟通和交流。同时，餐厅应建立健全投诉处理机制，对投诉进行记录和分析，以便及时发现并解决问题，进而提高客户满意度和餐厅的竞争力。

通过对客户投诉案例的深入分析和妥善处理，酒店不仅可以解决当前存在的问题，还可以恢复客户的信任，这有助于酒店进一步优化服务流程、提高服务质量，并在未来的运营中更加注重细节和客户的真实需求，从而赢得更多客户的青睐和忠诚。

妥善处理客户投诉，有助于酒店加强与客户的互动和沟通。酒店应积极收集客户的反馈和建议，不断改进和优化服务内容。通过设立客户意见箱、开展客户满意度调查等方式，酒店能够及时了解客户的需求和期望，从而针对性地提高服务质量。

深入分析投诉案例，有助于酒店提升客户的住宿体验。广泛了解客户的需求，有助于酒店营造温馨、舒适的住宿环境，改善餐饮质量，丰富娱乐设施等，从而打造独特的品牌特色和文化氛围，赢得更多客户的关注和喜爱。

针对客户投诉进行持续改进，有助于酒店加强内部管理。通过优化工作流程、明确各级员工的职责和权限，确保服务流程的高效运转，提高工作效率，酒店能够更快速地响应客户需求，提供更为及时和准确的服务。酒店可以围绕基本的服务礼仪和沟通技巧，定期组织各类培训课程，以加强员工对酒店文化、服务理念的认同和理解，使员工能够更好地融入酒店大家庭，为客户提供更加贴心、专业的服务。

未来，酒店还需积极探索新的服务模式和创新点，以适应不断变化的市场需求、满足客户的期望，为长期发展奠定坚实的基础。

主要术语

客户投诉处理技巧，是指酒店在面对客户的不满意或异议时，采取一系列有效的方法和手段来化解矛盾、提高客户满意度，并最终解决问题的能力。

任务小结

客户投诉处理是酒店运营中不可避免的一环，有效的处理不仅能维护酒店形象，还能提高客户忠诚度和满意度。然而，在实际操作中，酒店常常会面临一些问题，如沟通不畅、处理流程不规范、响应速度慢等。针对这些问题，酒店可以采取一系列改进措施，以提高客户投诉处理的效率和质量，具体包括：通过优化沟通渠道、规范处理流程、加快响应速度、加强人员培训等方式来提升投诉处理效率；通过设置关键绩效指标来衡量改进成果，如投诉处理时长、客户满意度等；建立反馈机制，收集客户和员工的意见和建议，以便不断优化投诉处理流程，提高服务质量。总之，客户投诉处理是酒店运营中的重要环节，需要引起酒店足够的重视。

训练题

一、自测题

1. 酒店客户投诉处理存在的问题有哪些？
2. 酒店客户投诉处理技巧包含哪些内容？

二、讨论题

1. 酒店应如何改进客户投诉处理流程？
2. 酒店应如何提高客户投诉处理效率？

三、实践题

假设你是某酒店的前厅工作人员，请根据以下信息，完成前厅服务模块中客户投诉事件的处理。

一天，你接到来自酒店3516房间的李先生的电话。李先生反馈他订的早餐送餐服务有问题，他预订了一份美式早餐，但是送到房间的却是欧式早餐。李先生在电话里提及他半个小时后就要离开酒店，赶往机场。请你来处理李先生反馈的问题，给出合理的解决方案。

项目七
酒店客户服务补救

 项目概述

　　酒店客户服务补救是指酒店对在服务过程中出现的失误、问题或投诉进行及时、有效的响应和修复，以恢复客户满意度和忠诚度的过程。这是一种积极主动的管理策略，需要酒店管理人员和员工在服务过程中时刻关注客户的需求和反馈，及时发现问题并采取有效的措施进行补救。

　　客户服务补救对于酒店来说非常重要，因为当客户的期望与其实际感受产生差距时，只有在实际感受大于或等于期望的情况下，客户才会感到满意。如果不满意，客户往往会转向选择其他竞争者，因此酒店如果无法为客户提供满意的服务，也就意味着将失去客户的忠诚。及时的服务补救能够安抚客户因酒店服务失误所产生的不满，使酒店重新得到客户的认可，有助于酒店培养忠诚客户。

 项目目标

知识目标

(1) 正确认识客户服务补救。
(2) 了解客户感知理论。
(3) 掌握酒店客户服务补救策略。
(4) 掌握酒店客户流失的类型及其原因。

能力目标

(1) 能够有效运用客户感知理论。
(2) 能够处理不同类型的客户服务补救。
(3) 具备灵活的应变能力、细致的观察能力、准确的语言表达能力、求新求变的创新能力等综合职业能力。

项目七 酒店客户服务补救

素养目标

(1) 增强爱岗敬业的意识和职业自豪感。
(2) 培养乐观、积极的职业态度和生活态度。

 知识导图

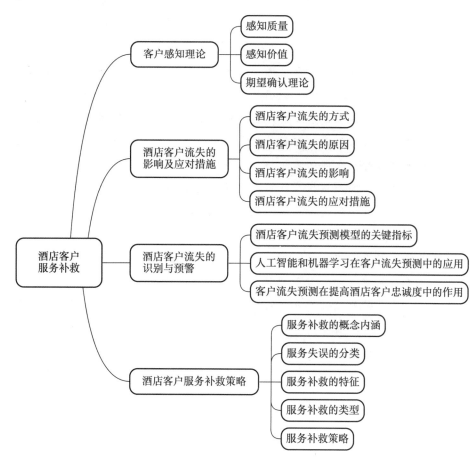

重点难点

重点：
掌握酒店客户流失的类型及其原因。

难点：
运用酒店客户服务补救策略，体现灵活性与创新性。

案例导入

某日,武汉某酒店在给用完餐的客户结账时,客户账单上凭空多出4道菜品的费用(共计152元)。双方僵持50多分钟后,酒店经理查明了原委,承认是店方的工作失误,为耽误了客户的时间表示歉意,并将餐费打折,收取500元,少收400多元,客户最终满意地离去。

评析:

该酒店的解决方案足够慷慨,但是这件事也在一定程度上暴露出该酒店服务工作中存在漏洞,才会发生如此"低级"的错误,既耽误了客户将近1小时的时间,又减少了酒店的收入。幸而酒店采取的补救措施最终能让客户满意,若是引起客户投诉,双方交涉过久、不利的口头宣传等都会给酒店带来更大的损失。

酒店应明确各项服务工作的顺序衔接,做好服务过程的检查工作,如现场服务时提供的菜肴、烟酒等与点菜单的核对,客户用完餐结账时点菜单与账单的核对,做到环环相扣,尽量减少差错的发生。但只有操作程序明晰是不够的,若是服务人员马虎大意,同样会在服务过程中出纰漏。因此,酒店还应该强化服务人员的服务意识,要求服务人员精神饱满,全神贯注工作,尽力为客户提供无差错服务。

当然,即使操作流程非常缜密、服务人员非常优秀,服务人员在服务时也难免会发生差错,此时迅速、及时、有效地解决问题就非常关键了。优质的补救性服务可将不满意的客户转化为满意的客户,促使客户为酒店进行有利的口头宣传。

在上述案例中,客户为讨个说法而耽误了50多分钟时间,最后由酒店经理出面才弄清原委,做出赔偿,补救工作的效率太低了。其间所发生的不愉快在客户心中会留下深刻的印象。当服务工作发生意外时,客户往往对补救性服务的过程,即解决问题的过程更加重视。服务人员应设身处地为客户着想,平息客户的怒火,首先从自己这方面查找原因,而不应该固执己见,与客户争执,僵持不下。当服务人员在自己的权限范围内解决不了问题时,应及时请示上级。

此外,如果管理者能做好现场服务实际管理工作,就能及时发现并解决问题了,而不是被动地等员工来反映问题。可见,管理者与服务人员"双管齐下"才会创造出色的补救性服务。为客户提供完美的服务是各酒店的追求,而当基于种种原因发生了服务差错时,酒店就应该根据客户的损失(如金钱、时间、心理、名誉等方面的损失)及时采取有效的补救性措施,防止酒店与客户之间的关系破裂,并应努力将不满意的客户转化为满意的客户，甚至使其成为酒店的忠诚客户。如此说来，服务补救"为时不晚"。

（资料来源：https://doc.mbalib.com/view/b173fe99bdc8aa2e3ac6193e5292498b.html。）

任务一　客户感知理论

酒店给客户带来利益是酒店获利的前提和基础，酒店提供给客户的利益能通过与酒店产品及服务等相关的各种属性反映出来，当客户对这些属性进行评估时，就形成了客户感知价值。客户的感知价值是具有主观性的，感知质量来自消费者感官对产品属性的体验感受，反映了消费者的偏好，可以指导酒店服务质量的改进。

客户感知又称"客户服务接触"，是接收者与供应者之间面对面的互动，也就是服务传递系统间的互动，包括实体环境、客户、前线员工等影响因素。在这种互动过程中，客户会根据自身经验、期望和需求，对接收到的服务进行评价，形成对服务的感知。

客户感知理论是一个在服务经营中至关重要的概念，客户感知在很大程度上受到服务质量的影响，而服务接触能力又是客户感知的基础。因此，企业和组织在提供服务时，需要特别关注如何提高服务质量和加强服务接触能力，以优化客户的感知。

客户感知理论的核心是以客户为中心，关注客户的需求、期望和体验。企业需要了解客户的感知价值，并将其作为制定营销策略和改进产品或服务的依据。不同客户对同一产品或服务的价值感知可能存在差异，这取决于他们的价值观、偏好、经验等个人因素，因此，企业需要关注客户的个性化需求，并提供差异化的产品或服务。

一、感知质量

1982年，Gronroos最早提出了服务质量的概念，即客户感知服务质量（Customer Perceived Service Quality），并将服务质量定义为"一种由客户头脑中感知到的服务水平（Perceived Performance，用P表示）与客户购买前对服务的期望（Expectation，用E表示）的差值决定的主观范畴"。当P＞E时，客户会认为服务质量较好；当P＝E时，客户会认为服务质量还可以接受；当P＜E时，客户会认为服务质量较差。Gronroos提出了服务质量的概念及差异比较结构模型，并通过该模型对服务质量进行评价，引起了学者们对服务质量理论的关注。Gronroos认为客户感知服务质量主要包括两大维度：技术质量（Technical Quality）和功能质量（Functional Quality），除此之外，Gronroos还指出，企业应重视自身的形象质量（Image Quality），因为企业的形象质量会影响客户对技术质量和功能质量的感知。

感知质量是消费者对产品总体优越性的判断。感知质量不同于客观的实际质量，是消费者的主观判断，是比产品的具体属性更高一层的抽象概念，是对产品属性的总体性评价。感知质量实质上是消费者对产品或服务可靠性、可信性的感知，与消费者偏好、满意度和购买选择密切相关。高水平的感知质量能够提高产品销售和价格溢价、降低维持客户的成本和建立正面的口碑效应。全面质量管理理论认为，产品的使用过程是内部质量管理的延续，产品质量水平的高低离不开消费者的感知评价。

二、感知价值

客户感知价值是客户权衡感知到的利得与其付出的成本后对产品或服务产生的总体评价。客户是否购买产品或服务取决于客户认为产品或服务是否有价值，而这个价值不是由企业决定的，而是取决于客户的主观认知。如果企业不能让客户充分感知其产品或服务所带来的利益，那么客户就会感觉自己的需求没有被满足，企业的销售目标就很难达成。

客户感知价值就是客户在购买和使用某一个产品的整个过程中所获得的效用与所付出的成本的比较，可以简单概括为V＝U/C，式中，U为客户得到的效用，C为购买付出的成本，V为客户价值。

感知价值最早由Michael E. Porter于1985年在 *Competitive Advantage* 一书中提及，他认为企业能为客户创造的价值决定了企业的竞争优势。关于客户感知价值理论，研究者阐述的角度不一，总结起来大致可分为客户让渡价值观、客户感知价值构成观、客户感知价值层次观和客户感知价值综合观。

（一）客户让渡价值观

研究者从客户让渡价值角度阐述客户感知价值，提出客户让渡价值是客户感知产品或服务的总价值与其付出的总成本之差。产品价值、人员价值、服务价值和形象价值构成了客户感知总价值，货币性成本、时间成本、体力成本和精力成本构成了总成本，企业提高客户的让渡价值的方式无非是增加客户感知总价值或是降低总成本。

（二）客户感知价值构成观

研究者从价值构成角度研究客户感知价值，认为感知价值是多层次、多维度的，企业可以结合自身的现实背景来划分考核维度。

(三)客户感知价值层次观

研究者提出客户感知价值分为属性层次、结果层次和目标层次。客户在选择产品时,首先会对产品的功能、属性形成一个预期,这是第一层次;接着在购买和使用产品的过程中,对于产品能否达到预想的效果,客户会有自己的预估和偏好,这是第二层次;在第三层次中,客户会对目标的能否实现形成自己的预期。在每一个层次上都有客户的前期预期价值和后期实际感受到的价值,客户会将二者进行对比,并形成对每一个层面的满意度,最终形成对该产品的整体感知价值。

(四)客户感知价值综合观

研究者在调研饮料市场时总结出的客户感知价值理论的影响最为广泛。相关研究者指出,客户感知价值有多种表现方式,包括:产品的低价体现了产品的价值;客户从产品中获得的满意程度体现了产品的价值;产品的质量体现了产品的价值;客户为产品所付出的精力、时间等因素体现了产品的价值。

三、期望确认理论

期望确认理论(ECT)是由Oliver于1980年提出的,是消费者满意度研究的基本理论,该理论认为消费者是以购前期望与购后绩效表现的比较结果,判断是否对产品或服务感到满意,而满意度成为消费者再度购买或使用的参考。当购后绩效表现大于购前期望时,为正面不确认;当购后绩效表现等于购前期望时,为确认;当购后绩效表现小于购前期望时,为负面不确认。消费者购买前对产品的期望和期望不确认共同决定了消费者满意度,而消费者满意度又影响着消费者的重复购买意愿。

根据Oliver的期望确认理论,用户满意度是经过以下五个步骤后产生的。

(1) 消费者对于自己即将购买的产品或服务,有自己的初始期望。

(2) 消费者初次购买并使用产品或服务。使用后,消费者对产品或服务的实际绩效有了初步感知。

(3) 消费者对自己的初始期望产生确认或不确认。消费者会将自己使用产品或服务后感知到的实际绩效与自己的初始期望相比较,根据购后绩效表现与购前期望的差值为正、为零或为负,对自己的初始期望产生正向不确认、确认或者是负向不确认。

(4) 消费者满意度产生变化。根据上一步的比较,消费者对产品或服务的满意度会有所变化,购后绩效表现与购前期望的差值为正或零都会提高消费者的满意度,而当差值为负时,则会降低消费者的满意度。

(5) 消费者重复购买的意愿。满意度提高了的消费者,其重复购买意愿会提高;而满意度降低的消费者,其重复购买意愿会降低;当消费者对产品或服务的满意度降低为不满意时，其重复购买意愿为零。

在期望确认理论中，期望正向作用于期望确认程度和满意度；感知绩效对期望确认程度和满意度具有正向的影响作用；期望确认程度直接影响满意度，并通过满意度间接影响重复购买意愿，具体如图7-1所示。

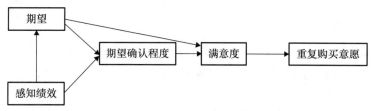

图7-1　期望确认理论示意图

期望确认理论最初是用来研究消费者的行为和组织信息系统用户行为的，指出了消费者的满意度和决策意愿受到他们在消费前对于产品或服务所形成的期望，以及在消费后对于期望与所得到产品或服务绩效表现的差异这两方面的影响。

主要术语

期望确认理论（ECT），是由Oliver于1980年提出的，是消费者满意度研究的基本理论，该理论认为消费者是以购前期望与购后绩效表现的比较结果，判断是否对产品或服务感到满意，而满意度成为消费者再度购买或使用的参考。当购前期望大于购后绩效表现时，为正面不确认；当购前期望等于购后绩效表现时，为确认；当购前期望小于购后绩效表现时，为负面不确认。消费者购买前对产品的期望和期望不确认共同决定了消费者满意度，而消费者满意度又影响着消费者的重复购买意愿。

任务小结

感知价值的核心是感知利得与感知利失（又称"感知成本"）之间的权衡。利得不仅仅包括产品或服务的质量，利失也不仅仅包括产品或服务的价格。客户感知价值紧密联系于产品或服务的使用，是在特定的使用情景下产生的。客户感知价值是客户对产品或服务在权衡利得与利失基础上形成的评价与偏好，是决定客户满意的重要前提；客户感知价值与客户满意之间存在不同层次上的互动，从而形成不同层次的客户满意；客户感知价值为企业真正实现客户满意提供了新的认识途径和管理基础。

训练题

一、自测题

1. 客户感知的含义是什么？

2.感知价值的核心意义是什么?

二、讨论题

1.客户感知价值是怎么形成的?

2.客户感知价值对企业有哪些影响?

三、实践题

某日,某酒店905房设置为临时挂账,收银人员通知相应楼层服务人员检查房间内是否有行李,服务人员回复说"无人、无行李"。晚上客户回来时,服务人员告知客户此房已退房,导致客户大发雷霆。后经酒店方面核实,905房内有一个客户的行李袋。

酒店对此的处理是向客户致歉,并让客户恢复入住。酒店后续对此次事件进行了分析,并总结得出了一些预防措施,包括:服务人员在接到收银人员"查行李"的通知后,应仔细检查房间,将房间有无客户、无房卡、无行李等情况详细告知收银人员,便于收银人员做出准确的判断。在收银人员做出挂账处理后,客户回酒店要求服务人员开启其原来的房门时,服务人员应婉言引导客户去前台续房,不应该直接说"房间已退了"。

请思考:酒店应如何进一步做好服务补救呢?

任务二 酒店客户流失的影响及应对措施

酒店客户流失是指酒店原本的客户群体逐渐减少,这些客户不再选择该酒店作为他们的住宿或会议场所。客户流失对酒店的声誉、市场份额和收入都会产生负面影响。

一、酒店客户流失的方式

(一)自然流失

1.生命周期流失

客户因年龄、生活阶段或兴趣的变化,自然减少对酒店服务的需求。

2.地理流失

客户因工作或生活地点变动,不再使用原酒店的服务。

教学视频

酒店客户流失的类型

(二)竞争流失

1. 价格敏感型流失

客户因酒店竞争对手提供更优惠的价格而流失。

2. 服务与质量流失

客户因其他酒店提供更好的服务或更高的服务质量而流失。

3. 品牌形象流失

客户因更喜欢其他酒店的品牌形象而流失。

(三)体验流失

1. 不满意体验流失

客户对酒店的住宿体验、服务或设施不满意,导致其不再选择该酒店。

2. 预期未达流失

酒店未能满足客户的期望,客户感到失望进而选择其他酒店。

(四)关系流失

1. 沟通不畅流失

酒店与客户之间沟通不畅,导致客户感觉被忽视或不被重视,进而选择其他酒店。

2. 忠诚计划失效流失

客户认为酒店的忠诚计划缺乏吸引力或奖励不足,进而选择其他酒店。

(五)技术流失

1. 在线预订体验不佳流失

客户在尝试通过酒店网站或第三方平台预订房间时遇到困难,进而选择其他预订操作更便捷的酒店。

2. 移动应用体验不佳流失

客户在使用酒店移动应用时遇到问题,导致其不再使用该应用,转而选择其他酒店。

二、酒店客户流失的原因

(一)服务质量问题

包括员工态度不佳、服务速度慢、响应不及时等。

(二)设施陈旧或维护不当

如果酒店的设施陈旧、房间不整洁或设备经常出故障,客户可能会转而选择其他更现代化的酒店。

(三)价格不合理

如果酒店的价格过高,与其提供的服务质量不匹配,客户可能会转而寻找性价比更高的酒店。

(四)竞争对手优势

如果酒店竞争对手提供了更好的服务、更吸引人的促销活动或更有竞争力的价格,客户可能会转而选择他们。

(五)客户个人因素

客户个人因素包括客户生活或工作地点的变动、个人喜好的变化等。

三、酒店客户流失的影响

(一)收入减少

客户流失会直接导致酒店房间的预订量下降,进而影响酒店的收入。

(二)口碑受损

流失的客户可能会在社交媒体或亲友间传播对酒店的不满,进而影响酒店的声誉和潜在客户的决策。

(三)失去稳定客源

流失的客户可能原本是对酒店有一定忠诚度的老客户,他们的离开意味着酒店失去了稳定的客源。

四、酒店客户流失的应对措施

(一)提高服务质量

培训员工,确保他们具备专业的服务技能和良好的态度。

(二)维护设施设备

定期维护和更新酒店的设施设备,确保它们处于良好的工作状态。

(三)调整价格策略

根据市场情况和竞争对手的定价,合理调整酒店的价格,确保其与提供的服务质量相匹配。

(四)建立客户忠诚计划

通过提供优惠、积分等奖励措施,鼓励客户重复选择该酒店。

(五)加强客户关系管理

通过定期与客户沟通、收集客户反馈等方式,了解客户的需求和期望,以便及时调整酒店的服务策略。

综上所述,酒店客户流失问题需要引起酒店管理层的高度重视。通过深入分析客户流失的原因并采取一定的应对措施,酒店可以有效地减少客户流失,提高客户满意度和忠诚度,进而增加市场份额和收入。

主要术语

酒店客户流失,是指酒店原本的客户群体逐渐减少,这些客户不再选择该酒店作为他们的住宿或会议场所。客户流失对酒店的声誉、市场份额和收入都会产生负面影响。

任务小结

酒店客户流失问题需要引起酒店管理层的高度重视。通过深入分析客户流失的原因并采取一定的应对措施,酒店可以有效地减少客户流失,提高客户满意度和忠诚度,进而增加市场份额和收入。

训练题

一、自测题

1. 酒店客户流失的类型包含哪些?
2. 酒店客户流失的原因包含哪些?

二、讨论题

1. 酒店客户流失的影响有哪些?
2. 酒店客户流失的应对措施有哪些?

三、实践题

几位客户来凤凰山庄的中餐厅吃夜宵。他们点了六个菜和一盘花卷。过了好一会儿,在实习生小田取了啤酒刚要存到冷库去时,客户中的一位先生叫住了小田,说道:"服务员,为什么我们的菜这么半天还没上?就吃这盘花生米,我们还不得'饿死'呀!"小田赶忙走过去一看,桌上孤零零地只摆着一盘花生米,便立即说道:"对不起,先生,请……"这句话还没说完,客户就打断了小田,说道:"别说'对不起'啦!我们已经'稍等'了很长时间了,快点儿上菜吧!"

小田感到十分不好意思,便没有继续解释了。小田心想,在这种情况下,再多做解释,客户只会觉得心烦。小田便立即到后厨催促厨师先给这几位客户上菜。很快,客户所点的菜便炒好了,小田便立即将菜为客户端上,并向这几位客户道歉说:"耽误您的时间了,很抱歉!我是实习生,服务水平还不够好,没能及时为您催菜,请您原谅!"客户见小田满脸真诚,又跑前跑后忙着催来了菜,气就消了,说道:"我们刚才火气大了点,你别在意,以后上菜快点儿就行了。"

请你结合上述案例,思考:作为酒店服务人员,在餐饮服务中为应对客户流失可以采取哪些措施?

任务三 酒店客户流失的识别与预警

客户流失预警是指通过对客户一定时间段内的支付行为、业务行为及基本属性进行分析,揭示隐藏在数据背后的客户流失模式,预测在未来一段时间内的客户流失概率,分析客户流失的原因,指导开展客户挽留工作。

在竞争日益激烈的服务环境中,信息技术已成为企业的一大竞争工具,为客户提供优质服务离不开对客户、市场、竞争者等方面的信息的分析与运用。同样,服务补救信息有助于企业提高服务补救质量,信息技术管理应当作为规划服务补救质量管理计划的有机组成部分。对服务补救信息进行分类、收集,以及与相关人员沟通服务补救信息的作用包括:一方面,企业可以对服务失误原因做出分析,对市场进行细分,找出失误根源,发现对企业最重要的目标客户,从而做好服务补救,有效提高客户满意度;另一方面,企业可以找出服务质量的改进方向,从根本上改进服务质量、完善服务系统。

一、酒店客户流失预测模型的关键指标

(一)历史数据

1. 预订记录

分析客户的预订历史,包括入住频率、入住时间、房型偏好等,以识别潜在的流失信号。

2. 入住时长

较短的入住时长可能是客户不满意或寻求替代选项的征兆,应引起酒店的关注。

3. 客户投诉

未解决的投诉或负面反馈体现了客户的不满情绪,增加了客户流失风险。

(二)客户反馈

1. NPS(净推荐值)

NPS主要用于衡量客户忠诚度和推荐意愿,低NPS表明客户不满,酒店需要采取一定的补救措施。

2. 客户调查

通过定期调查、收集客户对服务、设施和整体体验的反馈,酒店可以及时发现流失风险因素。

3. 社交媒体评论

酒店可以通过监控社交媒体平台上的品牌评论,识别客户的负面情绪或不满情绪,及时采取应对措施。

(三)竞争对手分析

1. 市场份额变化

追踪竞争对手的市场份额变化,了解他们对本酒店客户流失的影响。

2. 促销活动

分析竞争对手的促销活动和定价策略,识别其中可能吸引本酒店客户的部分并进行借鉴。

3. 服务水平

评估竞争对手的服务水平,发现他们的优势或劣势,并以此为基础,改进自身服务水平以保持竞争力。

(四)经济因素

1. 宏观经济指标

经济衰退或其他宏观经济因素会影响客户的旅行支出,导致酒店客户流失率上升。

2. 区域经济发展情况

高度依赖旅游业的地区的经济增长或下滑会影响区域内酒店的客户流量和流失率。

3. 价格敏感性

分析客户对价格变化的反应,了解价格因素对酒店客户流失率的影响程度。

(五)技术趋势

1. 在线预订平台

第三方在线预订平台的兴起加剧了酒店之间的客户竞争,也增大了酒店的客户流失风险。

2. 移动设备

移动设备的普及使得客户可以轻松比较酒店信息并进行预订,在一定程度上提高了某些酒店的客户流失率。

3. 人工智能和机器学习

酒店可以利用人工智能和机器学习改善客户体验,如利用个性化推荐和预测性维护等,以降低客户流失率。

(六)行业最佳实践

1. 数据分析

酒店可以引入先进的数据分析技术,用以识别流失率趋势和预测指标,并根据相关结果及时采取预防措施。

2. 个性化营销

酒店可以通过定制化的促销活动、客户忠诚计划和个性化体验,增强客户黏性,降低客户流失率。

3. 客户恢复

酒店应建立有效的客户恢复计划,包括针对流失客户提出具有吸引力的优惠活动和改进措施,以提高客户恢复率。

二、人工智能和机器学习在客户流失预测中的应用

(一)人工智能算法在客户流失预测中的应用

(1) 深度神经网络(DNN)和卷积神经网络(CNN)等算法可识别客户行为模式中细微的变化,并准确预测即将流失的客户。

(2) 自然语言处理(NLP)技术可分析客户反馈、电子邮件和社交媒体互动,以识别客户不满情绪和流失风险。

(3) 客户流失预测模型的准确性可通过使用异常检测和主动学习技术来不断提高。

(二)机器学习模型的自动化和可扩展性

(1) 机器学习模型可自动从大量数据中提取见解,无须人工干预,有助于提高客户流失预测模型的效率和可扩展性。

(2) 云计算和分布式计算技术使同时处理和分析大量数据成为可能,有助于加速客户流失预测模型的训练和部署。

(3) 无须代码工具和可视化界面使得非技术人员也能轻松使用和解释客户流失预测模型。

(三)客户流失预测模型的持续监控和更新策略

1. 评估

(1) 定期(如每周或每月等)评估预测模型的准确性,以识别其性能下降的早期迹象。

(2) 使用验证集或留出数据集来客观地评估预测模型的性能,以避免过度拟合和确保预测模型在真实世界中的有效性。

(3) 比较新模型的性能与现有模型的性能,如果新模型的性能明显更好,则考虑部署新模型。

2. 调整

(1) 定期审查和优化预测模型中流失预测阈值,以平衡预测模型的敏感性和特异性。

(2) 考虑使用可变阈值,具体取决于客户特征,以提高预测模型的预测能力。

(3) 使用历史流失数据和当前模型预测来校准阈值,以确保预测模型的准确性和实用性。

(四)客户流失预测模型的特征选择

(1)定期审查和更新预测模型中使用的特征,以确保它们与当前客户行为和市场趋势相关。

(2)利用机器学习技术,如特征选择算法,自动识别和选择具有最高预测力的特征。

(3)考虑使用领域知识和行业洞察力来补充数据驱动的特征选择,以提高预测模型的解释性和可操作性。

(五)客户流失预测模型的算法更新

(1)探索新的机器学习算法和建模技术,如神经网络和集成学习,以提高预测模型的预测能力。

(2)定期尝试不同算法的超参数组合,如学习率和正则化参数,以优化预测模型的性能。

(3)考虑使用元学习技术自动选择和调整预测模型的超参数,以进一步提高预测模型的效率和鲁棒性。

(六)客户流失预测模型的集成

(1)结合多个客户流失预测模型,如逻辑回归和支持向量机,以生成更稳健和准确的预测。

(2)使用集成方法,如投票或堆叠,组合不同模型的预测,以降低模型的变异性和提高预测的稳定性。

(3)通过比较和分析不同模型之间的预测结果,识别和减轻特定模型的偏见和弱点。

(七)客户流失预测模型的迁移学习

(1)利用来自其他行业或领域的现有客户流失预测模型,并将其迁移到酒店行业。

(2)通过微调和重新训练迁移的模型,以适应酒店业的具体细微差别,提高模型的预测能力。

三、客户流失预测在提高酒店客户忠诚度中的作用

(一)实施个性化干预措施

(1)根据客户流失风险预测结果,制定针对性干预措施,如提供个性化优惠、专属促销或会员奖励等。

（2）利用客户偏好数据，提供定制化的服务和体验，提高客户满意度和忠诚度。

（3）实时监控客户参与情况，及时发现流失迹象并采取预防措施，如发送提醒或提供支持。

（二）改善客户体验

（1）使用客户反馈数据来识别和解决影响客户体验的痛点，如预订流程烦琐、设施不足或服务质量下降。

（2）将客户流失预测结果与客户体验数据相结合，制定针对性的改进策略，以提升整体客户满意度。

（3）定期评估客户体验，并随着客户期望和趋势的变化进行相应调整，以保持竞争力和吸引力。

（三）开发客户忠诚计划

（1）开发多层次的客户忠诚计划，提供与客户参与度和支出相匹配的奖励和激励措施。

（2）利用客户流失预测来识别处于流失风险的忠诚度会员，并向他们提供额外福利或优惠以保持其忠诚度。

（3）分析客户忠诚计划的有效性，并根据客户反馈和流失率进行调整，以最大化其效果。

主要术语

客户流失预警，是指通过对客户一定时间段内的支付行为、业务行为及基本属性进行分析，揭示隐藏在数据背后的客户流失模式，预测在未来一段时间内的客户流失概率，分析客户流失的原因，指导开展客户挽留工作。

任务小结

酒店通过数据库或服务失误预警系统预测服务失误可能出现的环节。一旦发生服务失误，酒店会迅速采取行动，尽快解决客户问题，弥补服务失误。之后，酒店会积极分析服务失误的原因并加以改进，并对客户反馈的相关信息进行收集、分类和整理，建立服务补救数据库。酒店可以利用数据库反映的信息，改进内部工作程序，并预测下一服务阶段可能出现的服务失误。

项目七　酒店客户服务补救

> **训练题**

一、自测题

1. 客户流失预警的含义是什么?
2. 服务失误预测的作用有哪些?

二、讨论题

酒店客户流失的识别与预警的意义是什么?

三、实践题

在某家餐厅里,服务人员在上菜时不小心把菜汤撒到客户衣服上了。

场景一:服务人员马上道歉,拿来纸巾、毛巾帮客户把衣服擦干净。

场景二:服务人员马上道歉,说道:"实在是对不起,弄脏了您的衣服,您换下来后,我们会帮您送到附近的洗衣店洗干净后再还给您,洗衣费用由我们出。"此外,服务人员主动为客户的用餐进行打折或免单。

请你结合本任务所学内容,分别对这两个场景中服务人员的做法进行评析。

任务四　酒店客户服务补救策略

一、服务补救的概念内涵

狭义的服务补救是指服务提供者在发生服务失误后所做出的一种及时和主动的反应,主要强调及时性和主动性这两个特点。

广义的服务补救是指对服务系统中可能导致失误或已发生失误的任一环节所采取的一种特殊措施,不仅包括务实的实时弥补,也涵盖了对服务补救需求的事前预测与控制,以及对客户抱怨和投诉的处理。广义的服务补救强调的是服务全过程,通过有效实施服务补救策略,提高整个服务系统运作水平。服务补救策略主要分为精神补救和物质补救两种。

二、服务失误的分类

1995年,K. Douglas Hoffman 和 Scott W. Kelley 等针对餐饮业的 373 个案例进行了研究,并归纳出三大类、十项服务失误[①]。

---

① Hoffman K D, Kelley S W, Rotalsky H M. Retrospective: Tracking Service Failures and Employee Recovery Efforts[J]. Journal of Services Marketing, 2016 (1).

第一类属于服务系统失误，包括：①由产品质量不佳所致，如食物不新鲜等；②食物供应速度过于缓慢，导致客户等待时间过长；③由硬件设施有缺陷所致，如餐具不洁等；④由公司的政策规定所致，如不接受信用卡结账等。

第二类属于员工对客户要求的反应有误，包括：①提供的食品未按订单要求烹饪；②未按照客户的要求安排座位。

第三类由员工自发性行为所致，包括：①由员工不恰当行为所致，如员工态度粗鲁等；②由员工疏忽所造成的订单错误；③由员工疏忽所造成的订单遗失；④由员工疏忽所造成的账单金额计算错误。

三、服务补救的特征

（一）实时性

实时性是服务补救与客户抱怨管理之间的一个非常重要的区别。客户抱怨管理一般必须要等到一个服务过程结束，而服务补救则必须是服务失误出现的现场，如果等到一个服务过程结束，那么服务补救的成本会急剧上升，补救的效果也会大打折扣。

（二）主动性

客户抱怨管理有一个非常明显的特点，即只有当客户进行抱怨时，服务提供者才会采取相应的措施来安抚客户，确保客户满意离开。客户抱怨管理的"不抱怨，不处理"原则，将严重影响客户感知服务质量和客户满意，从而影响客户忠诚，致使服务提供者在竞争中处于不利的境地。但服务补救则不同，其要求服务提供者主动地去发现服务失误并及时地采取措施解决失误，这种具有前瞻性的管理模式，无疑更有利于提高客户满意度和忠诚水平。

（三）全过程、全员性

客户抱怨管理是由专门的部门来进行的阶段性管理工作。服务补救具有鲜明的现场性，服务提供者授权一线员工在服务失误发生的现场及时采取补救措施，而不是等专门的人员来处理客户的抱怨。

服务补救的前提是发生了服务失误，客户对服务绩效不满意，故客户的服务需求未被完全满足，而服务补救就是为了改变客户不满意状态而实施的管理活动。服务补救活动需要客户的参与，服务提供者与客户之间存在着互动关系，这种关系对服务补救质量有着非常重要的影响。

四、服务补救的类型

依据服务补救的时机选择，可以将服务补救分为三种类型：被动的服务补救、主动的服务补救和超前的服务补救。

（一）被动的服务补救

这类补救是在服务失误发生后且服务流程结束后，由客户服务部等专门处理客户抱怨的部门来解决的。这里的服务补救被作为一个单独的服务片段，列在主服务之后。服务失误所造成的客户情绪问题被忽略了，这将直接影响客户感知服务质量。同时，难以消除客户感知服务质量的负面影响，即使客户得到了完全且合理的赔偿。

（二）主动的服务补救

在服务流程设计中，此类服务补救仍然是一个独立的情景，而且这个情景被纳入主动服务情景。出现服务失误后，不等整个服务流程结束，客户也不必到规定的部门去提出正式的意见，问题就会得到解决。但是，之所以称其为"主动的服务补救方式"，是因为它要求客户自己来解决问题，而正式的补救措施只能以后实施，尽管这个流程也被列入总的服务片段。这种方式与前一种方式有着相同的弊端，即没有充分考虑客户的情绪，尽管在这种方式中情绪问题对客户感知服务质量的影响比前者小得多。客户从发生服务失误后就得到承诺——他们可以得到合理的赔偿，因此通过这种补救方式，也许可以挽回服务失误对客户感知服务质量的不良影响。

（三）超前的服务补救

这类服务补救是指在出现服务失误的现场，服务提供者立即解决客户问题，服务提供者可以提出多种服务补救方案，由客户自己来选择。发生服务失误后，立即加以解决，而不是等到服务过程结束之后，服务补救已经成为服务流程中一个不可分割的组成部分。按照这种补救方式，客户获得合理赔偿或是超值赔偿，客户的情绪问题可以得到很好的解决。客户会为服务提供者的补救行为感到惊喜，客户感知服务质量很可能比没有遭遇到服务失误时还要高。

五、服务补救策略

服务补救是一个特殊的服务过程，客户对服务补救质量的感知包括补救过程和补救结果两个层面，补救过程有时甚至比补救结果更重要。根据过程公平理论，客户的"话语权"对于客户评价补救过程有很大的影响，若为客户自己选择的补救方式，客户就更有可能形成良好的感知服务补救质量。

服务补救不应该是企业的单方面行为，而是应该让客户也参与到服务补救中来，因此，服务补救的客户参与管理计划应该作为规划服务补救质量管理计划的组成部分。引导客户进行抱怨以及在服务失误发生后授权客户参与服务补救，有助于企业为客户提供高质量的服务补救，从而使客户重新达到满意状态。

客户是服务补救中不可或缺的一部分，但很多客户在遭遇到服务失误时，不知道要怎么投诉，向谁投诉，对投诉的成本与收益也存在疑虑，同时也不知道要如何参与服务补救，所以大部分情况下客户不投诉，而是宣传消极口碑或是转向选择其他的服务提供者。因此，服务失误会使得企业的声誉降低，甚至使企业失去客户。企业应该采取措施引导客户进行投诉，引导客户将服务失误的信息反馈给企业，并告知客户进行投诉的成本与收益，使客户明白其是客户参与管理计划的重要部分。企业可以通过外部营销沟通，在客户当中宣传服务承诺，包括出现服务失误后企业的补救行为以及客户参与服务补救的方式，刺激客户进行投诉，降低客户进行信息反馈的风险。

（一）充分授权服务提供者

考虑到服务业的特殊性，每个服务提供者是直接面对客户的企业代表。如果没有充分的授权，一旦碰上问题，普通员工就无法采取行动，只得将矛盾搁置，等候管理层的处理意见，这不仅会延长问题的处理时间，招致客户的不满，还可能基于信息传递的问题导致决策失误，使企业彻底失去客户。企业应当在提供广泛的内部培训的基础上，对有经验、训练有素的员工充分授权。这样，一方面可以保证服务的顺畅进行，真正体现了服务企业的客户导向；另一方面，也可以使员工感受到企业的信任，明确自己的责任范围，有助于员工形成对企业的责任感和忠诚感。

（二）加强员工培训

服务型企业大多属于劳动密集型，其服务质量与员工个人的经验、技能极为相关。为员工提供各种职业培训不仅能帮助员工掌握和提高为本企业客户服务的基本技能，还能提高员工个人的综合素质。同时，培训也能使员工更好地理解企业的价值观，提升责任感。服务型企业的培训内容主要包括以下三个方面：其一是职业道德和企业倡导的核心价值观。企业通过培训，使员工不仅有"提供优质服务"的意识，还具备社会要求的职业道德。其二是服务技能、服务规范。企业通过培训，使员工学到新的服务技能，丰富员工关于服务产品的知识，确保他们提供的服务与企业的目标相一致，与客户的期望相吻合。其三是企业其他部门所提供的各种服务以及各部门之间的相互协调关系。企业通过培训，使员工掌握服务客户和进行服务补救的技巧，从而更有效地为客户提供解决方案。

（三）授权客户

授权客户是指赋予客户参与制定服务补救策略或是自行选择服务补救方式的权利。服务失误发生后，客户希望对服务补救施加影响，希望自己可以参与服务补救决策的制定，并从中选择自己倾向的服务补救方式。因此，授权客户参与制定服务补救决策，一方面，能直接增强客户对服务补救质量的感知；另一方面，企业能了解客户的服务补救期望，从而提供符合客户期望的补救服务，间接地增强客户对服务补救质量的感知。

以希尔顿酒店为例，其在服务补救方面实施的措施主要包括以下几个方面。

（1）酒店会对员工进行CRM入门培训，告知员工服务补救的重要性，使服务补救理念融入企业文化。

（2）酒店制定了严格统一的服务标准，设立客户档案经理的职位。客户档案经理主要负责客户信息的汇总并建立数据库，从而保障在每个客户接触环节都可以识别某个客户及其个人偏好。

（3）结合客户反馈消息不断改良客户信息库。这样，在失误发生后，酒店能根据客户的个人偏好、特殊要求以及在各个接触点的过往的服务失误，采取针对性的补救措施。

（4）酒店积极开发客户投诉渠道，为客户建立了"服务补救工具箱"，供客户投诉和反馈消息，以保证服务补救的成效，消除客户因为酒店服务失误而产生的不快。

（5）在希尔顿酒店，员工被授权可以花费2000美元为客户解决问题。尽管这笔钱很少用到，但酒店这一激励措施使员工行使其补救权时不用担心受罚。

客户是通过权衡补救期望和补救体验来感知服务补救质量的，所以对服务补救期望与补救体验的均衡管理是规划服务补救质量计划的组成部分。高于客户期望水平的服务补救体现了良好的服务补救质量，因此，在服务竞争日益激烈的今天，企业可以借助增值服务的相关理论来管理服务期望与补救体验之间的均衡。

主要术语

广义的服务补救，是指对服务系统中可能导致失误或已发生失误的任一环节所采取的一种特殊措施，不仅包括务实的实时弥补，也涵盖了对服务补救需求的事前预测与控制，以及对客户抱怨和投诉的处理。广义的服务补救强调的是服务全过程，通过有效实施服务补救策略，提高整个服务系统运作水平。

任务小结

服务补救不仅是企业重新获得消费者满意的一种手段，还是一种改进服务质量的有效工具。服务补救是一个包括服务售前、售中与售后的过程，酒店往往将服务补救行为作为一个循环的过程来实施的，其关键步骤表现为以下几个方面：首先，企业通过数据库或服务失误预警系统预测服务失误可能发生的环节。一旦发生服务失误，企业会迅速采取行动，尽快解决

酒店客户关系管理

客户问题，弥补服务失误。其次，企业会积极分析服务失误的原因并加以改进。之后，企业会将客户反馈的相关信息进行收集、分类和整理，并建立服务补救数据库。企业将依据数据库反映的信息，改进内部工作程序并预测下一服务阶段可能出现的服务失误。简而言之，服务补救行为的关键步骤表现为：预测潜在服务失误—采取补救行动—分析服务失误的原因并加以改进—收集整理客户反馈信息—建立数据库—根据数据库信息预测下一阶段的潜在服务失误。

影响服务补救的要素包括服务标准和服务补救标准、员工培训与授权、客户投诉渠道、组织学习等。因此，企业要想进行成功的服务补救战略设计，除了制定高效的服务补救机制，还应考虑到上述这些因素对服务补救效果的影响，严格制定服务标准和服务补救标准，注重对员工的培训与授权，积极为客户开辟投诉渠道，并努力将组织学习融入企业文化。

训练题

一、自测题

1. 服务补救的含义是什么？
2. 服务补救的类型有哪些？

二、讨论题

1. 服务补救的特征有哪些？
2. 服务补救的策略有哪些？

三、实践题

场景一：

服务人员不小心把菜汤撒到客户衣服上了，客户非常不满，要求赔偿衣服损失和免单。这时候服务人员以"无权处理"为由，磨磨蹭蹭不给解决，于是客户要求服务人员把值班经理喊过来。值班经理再与客户争执了一番，迫于无奈，给客户进行了打折或免单。

分析：

这里，如果客户已经找到值班经理进行投诉了，餐厅再满足客户要求，就不是服务补救，而是投诉处理。

投诉处理的特点是"不投诉，不处理"，而服务补救是随着服务失误发生而发生的，即在客户还没有意识到要投诉，服务提供者就开始补救了，因此，服务补救必须是主动的。

场景二：

服务人员不小心把菜汤撒到客户衣服上了，便主动提出将客户的衣服送去干洗。第二天客户拿回装有洗干净的衣服的袋子，发现袋子里除了衣服还有一张字条和一张代金券。字条上面写道："非常抱歉，因为我们的服务失误，让您的就餐不愉快。我们将您的衣服洗干净了，并附上一张50元的代金券，希望能够弥补您的损失。"

分析：

此时，我们可以看到，服务如果出现了第一次的失误，服务提供者应该争取第二次服务的机会，而第二次，服务提供者的服务水平应该要超出第一次。如果第二次服务又失误了，那客户万万不会再原谅服务提供者了。因此，服务补救是更高级的一种客户服务。服务补救要求服务提供者主动发现工作当中的失误，或预测客户可能会产生的不满情绪，随时采取措施。这样，才能将客户的不满情绪消灭在萌芽阶段，甚至让客户不会感觉到不满。这就是被动应对投诉与主动实施补救的区别所在。酒店最终付出的可能都一样，但客户的评价却可能是截然相反的。

请你结合本章的学习内容，谈一谈对"服务补救是更高级的一种客户服务"的理解。

参 考 文 献

[1] 武晓霞.酒店个性化服务对客户满意度的影响研究[D].南京:南京大学,2021.

[2] 邱雪洁.智慧酒店顾客体验质量影响因素及提升策略研究[D].济南:山东大学,2023.

[3] 周佳.基于IPA分析的长白山旅游景区游客满意度研究[D].长春:吉林外国语大学,2023.

[4] 易明.客户关系管理系统研究[D].武汉:华中师范大学,2003.

[5] 孟丽强.客户关系管理系统的设计与实现[D].成都:电子科技大学,2014.

[6] 方晴.Z酒店客户关系管理优化研究[D].上海:上海外国语大学,2023.

[7] 董万钊.SH公司客户关系管理优化研究[D].开封:河南大学,2023.

[8] 李芳芳.K公司客户关系管理研究[D].徐州:中国矿业大学,2022.

[9] 郑宏波.客户关系管理研究[D].武汉:武汉大学,2003.

[10] 孙忠.客户关系管理研究[D].武汉:华中科技大学,2001.

[11] 周婉婷.基于客户细分的酒店预订平台客户流失预测研究[D].哈尔滨:哈尔滨商业大学,2022.

[12] 张民.基于感知价值理论的社会化阅读用户的持续分享行为研究[D].南京:南京航空航天大学,2017.

[13] 赵青.W公司客户关系管理研究[D].杭州:浙江工业大学,2023.

[14] 韦琦.ERP、CRM和SCM三大信息系统的整合[J].中国信息导报.2002(8).

[15] 黄莺,张金隆,蔡淑琴,等.电子商务环境下ERP、SCM与CRM的整合[J].武汉理工大学学报(信息与管理工程版),2003(1).

[16] 洪美玉.基于酒店客户关系管理系统的客户差异化分析[J].现代商业,2008(27).

[17] 周晨.客户关系管理系统CRM在酒店行业中的重要性分析[J].消费导刊,2015(8).

[18] 张杜颖.大数据时代旅游酒店管理研究[J].黑龙江画报,2024(8).

[19] 刘春,陆希铭,赵琦.旅游及酒店业免接触服务研究综述[J].旅游导刊,2024(1).

[20] 李海蕴.智能化技术在多业态酒店设计中的应用探讨[J].数字技术与应用,2023(12).

[21] 王颖凌.海南省高端品牌酒店数字化发展研究[J].经济研究导刊,2023(14).

[22] 张文洁,刘江峤,庞慧敏.大数据时代智慧酒店管理建设的有效方法研究[J].现代商业,2023(15).

[23] 马思遥.酒店人工智能技术的拟人化应用对酒店满意度的影响研究[J].中国信息界,2024(6).

[24] 杨国强.酒店客户体验与满意度对旅游业的影响[J].旅游纵览,2023(22).

[25] 马卫.数智赋能时代大数据技术在旅游业与酒店业中的应用[J].数字技术与应用,2023(11).

[26] 孙晓莉.信息化背景下餐饮服务创新方法研究[J].商展经济,2021(2).

[27] 刘岩.客户关系管理在企业市场营销中的价值探讨[J].北方经贸,2024(3).

[28] 闫思敏.西安高星级酒店客户关系管理探析[J].西部旅游,2024(5).

[29] 梅瑜娟.浅析客户关系管理[J].中小企业管理与科技,2013(27).

[30] 张宏.客户关系管理[J].安徽电子信息职业技术学院学报,2011(3).

[31] 齐佳音,李怀祖,吴建林.客户关系管理辨析[J].工业工程,2002(4).

[32] 汝勇健.基于"关键时刻"理论的酒店服务设计[J].产业创新研究,2021(24).

[33] Hoffman K D,Kelley S W,Rotalsky H M. Retrospective:Tracking Service Failures and Employee Recovery Efforts[J]. Journal of Services Marketing,2016(1).

[34] 韩燕妮,韩宏,刘聪.酒店服务心理学[M].镇江:江苏大学出版社,2024.

[35] 莫修梅、张冠凤、陈少军.网络客户关系管理[M].北京:航空工业出版社,2023.

[36] 汤兵勇.《客户关系管理(第二版)》[M].北京:高等教育出版社,2008.

[37] 张红英.客户关系管理[M].上海:上海交通大学出版社,2024.

[38] 曹雯.丰富旅游业态 提升服务能力[N].贵州日报,2023-10-16(2).

教学支持说明

为了改善教学效果,提高教材的使用效率,满足高校授课教师的教学需求,本套教材备有与纸质教材配套的教学课件和拓展资源(案例库、习题库等)。

为保证本教学课件及相关教学资料仅为教材使用者所得,我们将向使用本套教材的高校授课教师赠送教学课件或者相关教学资料,烦请授课教师通过加入酒店专家俱乐部QQ群或公众号等方式与我们联系,获取"电子资源申请表"文档并认真准确填写后发给我们,我们的联系方式如下:

地址:湖北省武汉市东湖新技术开发区华工科技园华工园六路

邮编:430223

酒店专家俱乐部QQ群号:710568959

群名称:酒店专家俱乐部
群　号:710568959

扫码关注
柚书公众号

教学课件资源申请表

填表时间：_____年___月___日

1. 以下内容请教师按实际情况写，★为必填项。
2. 根据个人情况如实填写，相关内容可以酌情调整提交。

★姓名		★性别	□男 □女	出生年月		★职务	
						★职称	□教授 □副教授 □讲师 □助教

★学校		★院/系	
★教研室		★专业	
★办公电话		家庭电话		★移动电话	
★E-mail（请填写清晰）			★QQ号/微信号	
★联系地址		★邮编	

★现在主授课程情况	学生人数	教材所属出版社	教材满意度
课程一			□满意 □一般 □不满意
课程二			□满意 □一般 □不满意
课程三			□满意 □一般 □不满意
其 他			□满意 □一般 □不满意

教 材 出 版 信 息			
方向一	□准备写 □写作中 □已成稿 □已出版待修订 □有讲义		
方向二	□准备写 □写作中 □已成稿 □已出版待修订 □有讲义		
方向三	□准备写 □写作中 □已成稿 □已出版待修订 □有讲义		

请教师认真填写表格下列内容，提供索取课件配套教材的相关信息，我社根据每位教师填表信息的完整性、授课情况与索取课件的相关性，以及教材使用的情况赠送教材的配套课件及相关教学资源。

ISBN（书号）	书名	作者	索取课件简要说明	学生人数（如选作教材）
			□教学 □参考	
			□教学 □参考	

★您对与课件配套的纸质教材的意见和建议，希望提供哪些配套教学资源：